pauker.

Quali2011
Haupt- und Mittelschule Bayern

D1746084

◢ **Name:**

◢ **Schule**

◢ **Klasse:** 9c

hutt.
verlag

Unterhäuser Straße 1
70597 Stuttgart
Telefon 0711 767150
Telefax 0711 7671511
info@hutt-verlag.de
www.hutt-verlag.de
www.pauker.de

Die Lösungsvorschläge in Deutsch sind als Orientierungshilfen gedacht. Andere Lösungen werden dadurch keineswegs ausgeschlossen.

Herausgeber: Stephan Hutt

Autoren:
Maria Färber, Jasmin Johner, Maria Sax
Gabriele Sörgel (Deutsch)
Werner Wirth (Mathematik)
Peter Brysch, Annika Misch (Englisch)

Lektorat: Jasmin Johner, Annika Misch

Gestaltung: Hanne Schneider

Titelfoto: Thomas Bruttel

© Alle Rechte vorbehalten. Fotomechanische Wiedergabe nur mit Genehmigung des Herausgebers.

Ausgabe 2010/2011

ISBN: 978-3-939327-79-0

Mitglied im
VdS BILDUNGSMEDIEN E.V.

Wir fördern
KEINE MACHT DEN DROGEN

Inhaltsverzeichnis

Deutsch

Training
Lösungen 6

Prüfungen
Lösungen I 18
Lösungen 2007. 21
Lösungen 2008. 28
Lösungen 2009. 35
Lösungen 2010. 41

Mathe

Training
Lösungen 47

Prüfungen
Lösungen I 84
Lösungen 2007. 94
Lösungen 2008. 104
Lösungen 2009. 116
Lösungen 2010. 128
Quickies
(Endergebnisse auf einen Blick) 136

Englisch

Training
Lösungen 143

Prüfungen
Lösungen I 151
Lösungen 2007. 154
Lösungen 2008. 158
Lösungen 2009. 161
Lösungen 2010. 164

Lösungen: Deutsch-Training

1. Rechtschreibteil

1. Modifiziertes Diktat

2. Rechtschreibstrategien

1. a) **-tion**
   Operation, Situation, Funktion, Nation, Motivation
   Wörter mit der Nachsilbe „-tion" sind immer Nomen.
   Deshalb werden sie großgeschrieben.

   b) **-ieren**
   probieren, aktivieren, stabilisieren, programmieren, funktionieren
   Wörter mit der Nachsilbe „-ieren" sind immer Verben.
   Deshalb werden sie kleingeschrieben.

   c) **-heit**
   Gesundheit, Verbundenheit, Echtheit, Krankheit, Faulheit
   Wörter mit der Nachsilbe „-heit" sind immer Nomen.
   Deshalb werden sie großgeschrieben.

   d) **-ell**
   speziell, aktuell, formell, sensationell, intellektuell
   Wörter mit der Endung „-ell" weisen auf ein Adjektiv hin.
   Deshalb werden sie kleingeschrieben.

2. a) ☒ Ich verdopple den Konsonanten nach einem kurz gesprochenen Vokal.
   b) ☒ Ich suche verwandte Wörter. → N**a**hrung
   c) ☒ Ich achte auf die Endung. → -ung
   d) ☒ Ich trenne das Wort. → ve**r-r**aten
   e) ☒ Ich bilde die Grundform. → ber**a**ten
   f) ☒ Ich bilde die Mehrzahl. → Hun**d**e

3. a) Viele **D**eutsche fahren ans Meer.
   → Ich beachte den „Begleiter" (Signalwort).

   b) Die **g**lobale Erwärmung ist ein Problem.
   → Ich überprüfe die Wortart. Das Wort dient nur zur näheren Bestimmung, es ist ein Adjektiv.

   c) Ich entspanne mich beim **L**esen.
   → Ich mache die Artikelprobe. „Beim" steht für „bei dem".

   d) Alles **G**ute zum Geburtstag.
   → Ich mache die Artikelprobe. Ich achte auf den „Begleiter" (Signalwort).

   e) Zusammen sind wir **s**tark.
   → Ich überprüfe die Wortart.

3. Textkorrektur

1. Einfach nur abhängen
„Faulenzen", welch facettenreiches, widersprüchliches Wort. Darin schlummern Verderben und Glück, Hölle und Himmel. Faules Obst landet in der Biotonne, matscht, gärt, zieht die Fliegen an und stinkt. Aber auch der „Lenz" steckt darin und erinnert an herrliche, faule Sonnentage in der aufblühenden Natur.

2. Die Hölle war total überfüllt. Und immer noch stand da eine lange Schlange derer**,** die Einlass am Eingang der Hölle begehrten. Schließlich**,** als das Gedränge zu beängstigend wurde**,** musste sich der Teufel höchstpersönlich herausbegeben**,** um die Bewerber fortzuschicken.

3. Geboten **( )** wird ein aktueller und rascher Überblick über Betriebe, die Mitarbeiter suchen. Dabei sind Namen, Anschriften und Telefonnummern der betreffenden Betriebe **( )** sowie die jeweiligen Verdienstmöglichkeiten **( )** angegeben. Telefone stehen zur Verfügung, damit der Interessent unverzüglich mit dem Arbeitgeber Kontakt aufnehmen kann.

4. Windkraftwerke
Segen, Pumpen, **Malwerke** und andere Maschinen wurden im Mittelalter von Wind und Wasser **angetriben** – Mühlen waren Hightech. Noch Mitte des 19. **Jarhunderds** drehten sich bis zu 200 000 Windmühlen in Europa, gegen die **wirschaftlichere** Dampfmaschine vermochte sich diese **Technig** aber nicht zu **behaubten**.
▶ Sägen
▶ Mahlwerk
▶ angetrieben
▶ Jahrhunderts
▶ wirtschaftlichere
▶ Technik
▶ behaupten

5. Medizinisch gesehen ist **N**ichtstun unerlässlich – wie das **A**tmen, **T**rinken oder **E**ssen. In der Schule werden nicht nur Leistungen abgeru**f**en, sondern die Kinder raufen auch untereinander um Positionen auf der Belie**b**theitsskala. Wer den ganzen **V**ormittag in einem Zwangskorsett ste**ck**t, der **b**raucht am Nachmittag, an den Wochenenden und in den **F**erien **Ph**asen der Erholung.

Lösungen: Deutsch-Training

4. Verbformen

1. Urlaubsplanungen waren verzwickt. Die Mutter wollte ans Meer, der Vater wanderte und die pubertierenden Kinder wollten gar nicht erst mit. Dann hieß es, fleißig Kataloge studieren, Pools zählen und Fotos von der Umgebung begutachten. Nur so konnte die Familie möglichst genau entscheiden, wo es ihr gefiel.

2. **Arbeiten rund um die Uhr**
   An Schulen gibt es keine Nachtschicht und auch das Wochenende ist in der Regel frei. Später im Beruf kann sich das ändern. In vielen Bereichen muss man rund um die Uhr tätig sein. So sind Patienten im Krankenhaus Tag und Nacht auf Pflege angewiesen. Wir sehen es als selbstverständlich an, dass am Wochenende Strom in der Leitung ist. Elektrische Geräte funktionieren nur, wenn im Elektrizitätswerk gearbeitet wird.

3.

Person	Infinitiv	Präteritum (1. Vergangenheit)	Perfekt (2. Vergangenheit)	Plusquamperfekt (3. Vergangenheit)
ich	fliegen	flog	bin geflogen	war geflogen
du	springen	sprangst	bist gesprungen	warst gesprungen
er/sie/es	funktionieren	funktionierte	hat funktioniert	hatte funktioniert
wir	malen	malten	haben gemalt	hatten gemalt
ihr	sich bewegen	bewegtet euch	habt euch bewegt	hattet euch bewegt
sie	lachen	lachten	haben gelacht	hatten gelacht

5. Lückentexte

1. a) Ergänze
   Heutzutage kommt es immer häufiger vor, da**ss** bereits Kinder ein Handy besitzen. Eltern fühlen sich sicherer, wenn sie ihre Kinder ständig erreichen können. Für die Kinder selbst ist der Sicherheitsaspekt eher unwichtig. Da**s** erste eigene Handy bedeutet vielmehr, da**ss** sie ab jetzt dazugehören, cool sind.
   Da**ss** da**s** mobile Telefongerät inzwischen zu weit mehr als nur zum Telefonieren genutzt wird, bringt wieder neue Probleme mit sich. Schnell kann ein vermeintlich lustiges Video, da**s** auf der letzten Party gedreht wurde, die ganze Schule zu Gesicht bekommen. Aber auch das Surfen im Internet kann schnell zur Kostenfalle werden.

   b) **Regel 1:**
   Dient „das" als Artikel, wird es mit einem „s" geschrieben.
   Beispiel: Da**s** erste eigene Handy …

Regel 2:
Wenn „das" durch „dies/dieses" ersetzt werden kann, schreibt man es nur mit einem „s".
Beispiel: Dass **dieses** mobile Telefongerät …

Regel 3:
Kann „das" durch „welches" ersetzt werden, schreibt man es nur mit einem „s". Das kommt meistens nach einem Komma vor.
Beispiel: Schnell kann ein vermeintlich lustiges Video, **welches** auf der letzten Party…

Regel 4:
Ist kein Ersatz durch „dieses" oder „welches" möglich und handelt es sich auch nicht um einen Artikel, wird „dass" mit „ss" geschrieben.
Beispiel: Heutzutage kommt es immer häufiger vor, **dass** bereits Kinder …

2. a) Ein Ru**ck**sa**ck** ist pra**k**tisch beim Wandern.
   b) Die Ta**k**ti**k** beim Beobachten von Ku**ck**ucken ist wichtig.
   c) Der Vertrag ist in tro**ck**enen Tüchern.
   d) Das Kinofieber hat mich star**k** gepa**ck**t.
   e) Der Bauer har**k**t den Boden.
   f) Im Wer**k**unterricht arbeiten wir mit Holz.

3. Der Ern**ä**hrungswissenschaftler w**ä**hlt genau aus, welche Lebensmittel gut für den Körper sind. Ausgewogen ist das Stichwort. Schlechte Essgewohnheiten werden n**ä**mlich verm**e**hrt zum Problem. Dabei ist es **e**gal, ob zu wenig, zu f**e**ttig oder zu süß gegessen wird. Immer m**e**hr Menschen leiden schon jetzt unter den Folgen von Mangelerscheinungen und Fehlern**ä**hrung. Die frühzeitige Aufkl**ä**rung ist das A und O, damit es erst gar nicht so weit kommt.

4. a) ▶ **V**iele Menschen **v**ersammelten sich auf der **F**estwiese.
      Sie **f**ielen sich gegenseitig um den Hals.
      ▶ Die **T**raube von Menschen **d**rängelte sich zusammen. Sie **t**rugen alle Hüte.
   b) ▶ Der **V**ogel **f**log zum **F**enster raus.
      ▶ Der **T**rainer erteil**t** dir einen Ra**t**schlag, wie du das Ra**d** besser schlägst.
      ▶ Die **B**lume **b**lüht in voller **P**racht.

6. Fremdwörter – Vorübung

1.
a) Diskretion
b) Rationalität
c) Bibliothek
d) Rhythmus

2.

Verb	Nomen	Adjektiv
adaptieren	Adaption	adaptiv
experimentieren	Experiment	experimentell
informieren	Information	informativ

3.
a) Couch
b) Vase
c) Champignons
d) Physik
e) Crash
f) Chip

4.
a) ☒ vier Personen.
b) ☒ der Haut.
c) ☒ die Besatzung.
d) ☒ Er hat einen Knochenbruch.

2. Textarbeit

1. Inhaltszusammenfassung

Literarische Texte

1. Das Gedicht „Frühling" von Eduard Mörike beschreibt die erste Jahreszeit. Zuerst wird der endlich wieder blaue Himmel erwähnt, dann der Duft von Blumen. Veilchen träumen noch von ihrem Auftritt als Frühlingsboten. Das lyrische Ich ist froh, dass der Frühling anfängt.

2. Die 1807 entstandene Kurzgeschichte „Der Zahnarzt" von Johann Peter Hebel handelt von zwei arbeitsfaulen Ganoven, die in Not geraten. Damit sie ohne große Anstrengung an Geld kommen, denken die beiden sich einen Streich aus. Aus dem zuvor erbettelten Brot formen sie kleine Kügelchen, die sie anschließend mit Wurmmehl bestreuen. Diese Kügelchen sehen nun aus wie Pillen. Die Ganoven wickeln je acht bis zehn Kügelchen in rotes Seidenpapier und gehen mit den Päckchen in ein Wirtshaus. Dort tut der eine der beiden so, als hätte er schreckliche Zahnschmerzen. Der andere, der wie zufällig vorbeikommt, gibt sich als Zahnarzt aus und verabreicht dem angeblichen Patienten die Brotpillen, die sofort von den Schmerzen befreien. Die anderen Gäste kaufen jetzt die „Wunderpillen" für viel Geld. Beide Gauner verlassen getrennt das Wirtshaus und freuen sich über den gelungenen Streich, der ihnen wieder Geld eingebracht hat.

Sachtexte

3. Der Sachtext „Warum tut der Musikantenknochen weh?" erklärt, warum der Ellenbogen schmerzt, wenn man ihn beispielsweise an der Tischkante anstößt.
Der Ellenbogennerv „nervus ulnaris" ist für das schmerzhafte Kribbeln verantwortlich. Seine eigentliche Aufgabe ist die Weiterleitung von Reizimpulsen aus den Fingern an das Gehirn. Jedoch kommt es bei Stößen dieser empfindlichen Stelle zu einer Überreaktion und somit zu einer Fehlinterpretation im Gehirn. Das Wort Musikantenknochen entstand vermutlich durch das vibrierende Gefühl in den Fingern.

4. In dem Zeitungsartikel „Am Fernseher den Magen verdorben" geht es um den Einfluss von Werbung auf das Essverhalten von Kindern. Auch das Verhalten und die Vorbildfunktion der Eltern beim Konsum von Dickmachern werden mit einbezogen.
Die Mahlzeiten sind allgemein zu fettig, zu süß und zu einseitig, was häufig schon zu Übergewicht in jungen Jahren führt. Essen wird in mundgerechter Form gerne vor dem Fernseher vertilgt. Auch in den Pausen werden aus Bequemlichkeit ungesunde Lebensmittel gegessen.
Wenn die Eltern gleichgültig gegenüber dem Einfluss der Werbung auf das Essverhalten ihrer Kinder sind, verhindern sie dadurch gesundheitsbewusstes Essen.

◢ Lösungen: Deutsch-Training

2. Textinhalte reflektieren

1. a) „Im Menschen ist nun mal ein Drang zur Vernichtung." (Zeile 4f)
   b) Mörike meint damit, dass der Himmel endlich wieder blau ist und das ist ein Anzeichen für den Frühling.

2. ▶ „Wenn der Nerv durch einen Schlag erregt wird, kommt es zu einer unüblichen Reizung." (Zeile 23ff)
   ▶ „Er übermittelt an das Gehirn einen Schmerzreiz all jener Regionen." (Zeile 31ff)
   ▶ „Aus dieser Fehlinterpretation entsteht eine ungewohnte Mischung aus Schmerz, Kribbeln und Taubheit." (Zeile 34ff)

3. ☒ Die Angela-Merkel-Ehrenbarbie hat die gleiche Frisur wie das Original.
   ☒ Vor der Merkel-Barbie gab es schon mal eine Sonderanfertigung.

4. a) Das Schulzentrum in Eppelheim wird täglich zehn Stunden lang bewacht.
   → „[…] gehen im Schulzentrum der Stadt Eppelheim seit Anfang der Woche während der Unterrichtsstunden zwischen sieben und 17 Uhr zwei private Wachleute Streife." (Zeile 3ff)
   b) Die Wachleute kontrollieren das ganze Gelände.
   → „[…] sollten sie in den Pausen auf dem weitläufigen Schulgelände und während des Unterrichts auch auf den Fluren patrouillieren." (Zeile 17ff)
   c) Die meisten finden die Aktion gut.
   → „Schüler, Lehrer und Schulleiter reagierten überwiegend positiv auf die Maßnahme." (Zeile 21f)
   d) Es kann sein, dass dadurch die Polizei im Ernstfall schneller etwas tun kann.
   → „[…] vielleicht nütze sie tatsächlich in einer Weise, dass auch die Polizei im Ernstfall rascher eingreifen könne." (Zeile 28ff)

5. ▶ „Solange die ganze Menschheit, ohne Ausnahme, keine Metamorphose durchläuft, wird Krieg wüten." (Zeile 7f)
   → Solange sich die Menschen nicht von Grund auf ändern, wird es immer Krieg geben.
   ▶ „[…] hört keine Musik, sondern höchstens vor Schmerz die Vögel zwitschern." (Zeile 1ff)
   → Damit ist gemeint, dass ein Schmerz sehr stark ist.
   ▶ „Das Handy ist des Menschen treuester Begleiter."
   → Die Menschen nehmen ihr Handy überall mit hin. Für sie ist es unersetzlich geworden.

3. Überschriften

1. 1. Abschnitt Zeile 1 – 11 → Wie alles begann
2. Abschnitt Zeile 12 – 32 → Entzug als Chance

2. 1. Abschnitt Zeile 1 – 22 → Zurück ins Berufsleben
2. Abschnitt Zeile 23 – 35 → Familienkonferenz
3. Abschnitt Zeile 36 – 44 → Neue Aufgabenverteilung

4. Fremdwörter

1. a) bemängeln: monieren
b) Berechnung/Kostenermittlung: Kalkulation
c) Schülerbeförderung: Schülertransport
d) Verringerung: Reduzierung
e) Möglichkeit: Chance
f) tauglich, besonders geeignet: qualifiziert

2. a) verbrauchen: konsumieren
b) Mangel: Defizit
c) verbündet: alliiert
d) herkömmlich: traditionell

3. a) kurze, oft witzige Geschichten: Anekdoten
b) sehr fein, feingliedrig: filigran
c) Reaktion auf äußere Reize: Reflex
d) Mängelausgaben: Mängelexemplare

5. Sprachbilder

1.
- „Alle über einen Kamm scheren": Damit ist gemeint, dass zwischen verschiedenen Personen oder Dingen nicht unterschieden wird. Man bildet sich keine unterschiedliche Meinung, sondern eine für alle gültige.
- Wenn man „jemanden im Stich lässt", bedeutet das, dass man ihm nicht hilft, sondern ihn in einer bestimmten Situation sich selbst überlässt.
- „Einen kühlen Kopf zu bewahren", ist immer dann angesagt, wenn eine schwierige Aufgabe bevorsteht. Wer einen kühlen Kopf bewahrt, handelt überlegt.

Lösungen: Deutsch-Training

- ▶ „Ihr fiel ein Stein vom Herzen". Dieses Sprachbild soll ausdrücken, dass eine schwere Last von einem abfällt, beispielsweise nach einer bestandenen Prüfung.
- ▶ „Der Zug ist abgefahren" beschreibt eine unwiederbringliche Situation. Etwas ist nicht mehr zu ändern.
- ▶ „Er packt sie in Watte" heißt, dass jemand von allem Schlechten oder eventuell Gefährlichen ferngehalten wird.

2. Beispiele:
    - ▶ heiß wie ein Vulkan → etwas ist extrem heiß
    - ▶ eine Mimose sein → bedeutet, dass jemand besonders empfindlich ist, sei es körperlich oder seelisch
    - ▶ auf dem Holzweg sein → auf dem falschen Weg sein, Unrecht haben

3. Beispiel:
Gestern ist mir in der Schule etwas Doofes passiert.
Sabine, das ist so eine Streberin aus meiner Klasse, hat mich total genervt, weil sie mal wieder alles besser gewusst hat. Sie meint immer, nur sie wüsste was. Da hab ich beschlossen, ihr einen Streich zu spielen. Vor der nächsten Stunde bestrich ich Sabines Stuhl dick mit Klebstoff. Es kam aber alles anders, als ich es geplant hatte. Meine Lehrerin kam nämlich ins Klassenzimmer und verkündete, dass sie heute eine andere Sitzordnung mache, da immer so viel geschwätzt würde.
Es kam, wie es kommen musste. Ich wurde neben Hülya gesetzt und die ist Sabines Nachbarin. Ich konnte ja nicht einfach den Stuhl wechseln und somit musste ich mich mitten in den Klebstoff setzen. Als mir dann nach der Stunde nichts anderes übrig blieb, als meine Hose auszuziehen, damit ich wieder vom Stuhl loskomme, meinte mein Freund nur: „Tja, wer anderen eine Grube gräbt, fällt selbst hinein." Es haben natürlich alle gelacht, auch Sabine.

4. a)
    - ▶ Auf der Abbildung 1 ist eine Person zu sehen, die nur noch ein Bein hat. Das andere Bein hat sie in der Hand.
    - ▶ Auf der Abbildung 2 sind ganz viele Pilze zu sehen, die den Boden bedecken. Einige von ihnen sind größer als andere. Es sieht so aus, als würden sie wachsen.
    - ▶ Auf der Abbildung 3 ist eine Person zu sehen, die aus einer Wolke fällt.
    - ▶ Auf der Abbildung 4 versucht die sitzende Person, sich mit einem Stift die Ohren zu beschriften.
    - ▶ Auf der Abbildung 5 sitzt ein großes Tier, das ein Bär sein könnte, auf dem Rücken einer Person.
    - ▶ Auf der Abbildung 6 steht eine Person mit dem Fuß in einer Schüssel.

b) ▶ Abbildung 1: „Sich ein Bein ausreißen."
   ▶ Abbildung 2: „Wie Pilze aus dem Boden schießen."
   ▶ Abbildung 3: „Aus allen Wolken fallen."
   ▶ Abbildung 4: „Sich etwas hinter die Ohren schreiben."
   ▶ Abbildung 5: „Jemandem einen Bären aufbinden."
   ▶ Abbildung 6: „Ins Fettnäpfchen treten."

6. Schaubilder/Diagramme auswerten

1. Die Marktanteile der einzelnen Netzbetreiber sprechen eine eindeutige Sprache. Den Großteil des Kuchens teilen sich die Mobilfunkriesen Vodafone und T-Mobile, wobei T-Mobile noch einen hauchdünnen Vorsprung von einem Prozent hat. Zusammengenommen beherrschen sie 73 Prozent des gesamten Marktes. Betrachtet man diese Zahl, wird ganz schnell klar, was mit der Aussage „Der Handymarkt ist in festen Händen" gemeint ist. Anders ausgedrückt kann man also sagen, dass Vodafone und T-Mobile momentan vorgeben, in welche Richtung sich der Handymarkt entwickelt.

2. Das Schaubild zeigt einen sehr deutlichen Anstieg sowohl in der Anzahl der Biogasanlagen als auch in der Leistung, die sie erzielen. Im Vergleich zu 1999 haben sich die Biogasanlagen 2007 mehr als vervierfacht, deren Leistung ist sogar 25 Mal so hoch.
Zur Herstellung von Biogas wird Mist benötigt. Das heißt, „der Mist macht's" bedeutet nichts anderes als die Tatsache, dass ohne die Ausscheidung unserer Kühe auch kein Ausbau von Biogasanlagen möglich wäre. Auch das Bild verdeutlicht diese Tatsache noch mal. Die leuchtende Glühbirne, die im Hintern der Kuh steckt, soll zeigen, dass der Strom aus einer Biogasanlage stammt.

3. Das Balkendiagramm zeigt, mit welchen Geräten MP3 gehört wird. Unterschieden wird nach Nutzung bei Mädchen und bei Jungen. Tendenziell sind sich Jungen und Mädchen bei der Wahl ihrer Geräte einig. Beim Computer als Medium haben allerdings die Jungen die Nase vorn. Die etwas „altmodischeren" Geräte wie Walk- oder Discman werden dahingegen von den Mädchen bevorzugt. Klarer Spitzenreiter und bei beiden Gruppen gleichermaßen beliebt ist der MP3-Player. Schlusslicht bildet das Handy. Im Gesamten betrachtet konsumieren die Jungen etwas mehr MP3 als die Mädchen.

4. Das Kuchendiagramm zeigt die Verteilung des jährlichen CO_2-Ausstoßes eines Zwei-Personen-Haushalts. Der Gesamtausstoß beträgt acht Tonnen, davon sind allein 3,5 Tonnen nur aus der Wärmeerzeugung. Das entspricht einem Anteil von 42 Prozent. Der zweite große CO_2-Verursacher ist die Verbrennung

Lösungen: Deutsch-Training

von Kraftstoffen. Mit 3,2 Tonnen beziehungsweise 39 Prozent verursacht das Auto fast genauso viel CO_2 wie das Beheizen unserer Wohnung. Dahingegen ist der Anteil, den der Strom bei der CO_2-Produktion ausmacht, fast schon gering. Mit 1,5 Tonnen oder 19 Prozent macht das nicht einmal ein Viertel der Gesamtmenge aus.

7. Verfassen eines eigenen Textes

1. Die Aussage „No risk, no fun" stellt für viele ein wahres Lebensmotto dar. Jeden Tag riskieren sie aufs Neue ihre Gesundheit, nur um einen Kick zu bekommen. Besonders die sogenannten Funsportarten, wie Eisklettern, Kitesurfen oder Bungee-Jumping, sind oft mit einem hohen Risiko verbunden. Beim Bungee-Jumping ist das Risiko, sich bei schlechter Ausrüstung Muskeln zu überdehnen oder Knochenbrüche zuzuziehen, sehr hoch.
Aber warum fasziniert gerade das, was offensichtlich auch gefährlich ist? Ich denke, das liegt daran, dass sich in unserer schnelllebigen Gesellschaft sehr leicht ein Gewöhnungseffekt für viele Dinge einschleicht. Und was ist schon langweiliger, als gewöhnlich zu sein? Der Wunsch, sich aus der Masse abzuheben und eben etwas Besonderes zu machen, bringt sicher viele dazu, sich einem Risiko auszusetzen, um etwas zu erleben. Der Ausspruch „Ohne Risiko kein Spaß" ist daher kritisch zu bewerten. Was ist, wenn auch dieses Risiko nicht mehr ausreicht, um einen Kick zu erzeugen? Wenn dieser Fall eintritt, dann reicht bloßes Risiko nicht mehr aus, sondern man wird leichtsinnig oder gar lebensmüde. Das könnte dann so aussehen, dass man ohne Absicherung und nötige Vorkenntnisse eine Felswand hinaufklettert.
Das Motto „No risk, no fun" kann auch auf andere Bereiche übertragen werden, wie zum Beispiel das Flatrate-Saufen. Wer nicht riskiert, mit einer Alkoholvergiftung im Krankenhaus zu landen, der hat auf der Party auch keinen Spaß. Das finde ich absolut daneben. Daher sollte immer genau überdacht werden, wann sich ein Risiko lohnt und es auch noch Spaß macht, und ab wann es nur noch dumm und lebensgefährlich ist.
Ich finde, ein gewisses Maß an Abenteuer ist gut, aber man sollte es nicht übertreiben.

2. Wenn Leon aus der Schule nach Hause kommt, ist keiner da, der auf ihn wartet oder etwas für ihn gekocht hat. Müde wirft er seinen Ranzen in die Ecke und schiebt sich eine Fertigpizza in den Ofen. Zum Erledigen seiner Hausaufgaben fehlt ihm die Lust, außerdem versteht er die Hälfte sowieso nicht.
So oder zumindest so ähnlich sieht es wohl in vielen Familien aus. Die Eltern arbeiten und die Kinder müssen alleine klarkommen. Daher wäre es gut, wenn sich endlich das Modell der Ganztagsschule flächendeckend durchsetzen würde. Eine Ganztagsschule hat viele Vorteile. Die große

Zahl an Schulstunden könnte über einen viel größeren Zeitraum verteilt werden, was das Lernen entspannter machen würde. Darüber hinaus ist in einer Ganztagsbetreuung auch immer ein Lehrer da, den man um Rat fragen kann, wenn man bei den Hausaufgaben oder der Vorbereitung auf eine Klassenarbeit nicht weiterkommt.
Die angebotenen Freizeitaktivitäten bilden zudem einen tollen Ausgleich zum Unterricht. Auch die Gemeinschaft einer Klasse oder sogar einer ganzen Schule wird durch das gemeinsame Lernen, Essen und Gestalten der Freizeit gestärkt. Keiner müsste mehr wie Leon ohne eine vernünftige Mahlzeit auskommen, denn zum Angebot einer Ganztagsschule gehört meistens auch eine Mensa. Dort können die Schüler gemeinsam essen.
Deshalb sollten wir uns alle dafür einsetzen, dass das Projekt Ganztagsschule weiter vorangetrieben wird und auch der Politik klar wird, dass es nicht nur für uns Schüler eine Bereicherung wäre, sondern auch für die Eltern. Denn diese können dann sicher sein, dass ihre Kinder gut aufgehoben sind.

3. Liebe Mama, lieber Papa,

   ich habe heute erfahren, dass unsere Schule einen Austausch nach England anbietet. Diese Möglichkeit finde ich super. Gerne würde ich auch mitgehen. Ich weiß, dass es finanziell bei uns etwas eng aussieht, aber diese Chance muss ich einfach wahrnehmen. Um euch davon zu überzeugen, dass ich es wirklich ernst meine, habe ich meinen Lehrer gefragt, ob man von irgendwo einen Zuschuss bekommen kann. Der hat auch gleich gesagt, dass das kein Problem sei, man müsse den Zuschuss bei der Schulleitung beantragen und dann klappe das schon.
   Alle meine Freunde dürfen auch mitgehen und gemeinsam lernt es sich ja bekanntlich viel besser. Außerdem wäre es auch für meine Abschlussprüfung prima, wenn ich noch mal so richtig üben könnte. Ihr wisst ja, wenn man im Land ist, lernt man die Sprache am besten.
   Wenn ihr euch jetzt fragt, wer dort auf mich aufpassen soll, kann ich euch auch beruhigen. Wir sind in einer Gastfamilie untergebracht. Das ist also fast wie bei richtigen Eltern. Die werden dann schon schauen, dass alles gut geht. Ihr seht, es ist wirklich eine prima Sache. Es wäre also toll und mir sehr wichtig, auf diesen Austausch mitzugehen.

   Viele liebe Grüße
   Euer Marek

Lösungen: Deutsch-Prüfung I

A. Rechtschreibung

1. **Modifiziertes Diktat**

2. **Rechtschreibstrategien**
   a) zusa**mm**en: Ich achte auf den Vokal.
   b) viele **D**eutsche: Ich beachte den „Begleiter" (Signalwort).
   c) **w**eltweit: Ich überprüfe die Wortart.

3. **Zeichensetzung**
   Viele Auszubildende der Fluggesellschaften können**,** wenn sie einige Jahre dabei waren für wenig Geld in der ganzen Welt herumfliegen**.** Sie erzählen**:** „Wir sind überall zu Hause**,** müssen uns aber fair verhalten und tadellose Manieren zeigen." Aber das wird intensiv geübt**,** indem Schulungen durchgeführt werden, die oft sehr anstrengend sind.

4. **Textkorrektur**
   Da wir aber im Team arbeiten und alle ~~zu langen~~ ~~müßen~~, wenn die Zeit ~~tränkt~~, kennt ~~Einer~~ den anderen sehr gut. Es ist auch erwünscht, ~~das~~ ~~auszubildende~~ einander helfen und im Notfall einspringen, wenn ~~fiel~~ zu tun ist.

   ▶ zulangen ▶ müssen ▶ drängt
   ▶ einer   ▶ dass   ▶ Auszubildende
   ▶ viel

B. Textarbeit

Oh Schreck! Das Handy klingelt im falschen Moment

1. **Inhaltliche Zusammenfassung der beiden Absätze**
   ▶ Ein Schüler hat unerlaubt während einer Prüfung unter der Bank ein Handy eingeschaltet und wird vom Lehrer erwischt.
   ▶ Gelangweilt muss er nun in der Pause zusehen, wie seine Mitschüler eifrig mit ihren Handys beschäftigt sind.

2. **Fremdwörter**
   a) Prüfung: Examen
   b) Erzieher: Pädagoge

3. Erklärung des Begriffs „Handy"

Im Deutschen versucht man offensichtlich, das Wort „Hand" mit einzubeziehen. Im Gegensatz zu einem fest installierten Gerät kann dieses Telefon in der Hand gehalten und überallhin mitgenommen werden. Vielleicht spielt auch die Bedeutung „handlich" eine Rolle, weil ein Handy bequem in der Hand liegt.

4. Weitere Funktionen von Handys

- ▶ Speicherfunktion: Telefonnummern, wichtige Termine oder Hilfen können schnell abgerufen werden.
- ▶ Erinnerungsfunktion: Man kann sich wecken oder an wichtige Daten wie zum Beispiel Geburtstage erinnern lassen.
- ▶ Kamera: Das Handy ist gut für Schnappschüsse, und außerdem kann man diese Fotos leicht an andere weiterleiten.
- ▶ Internetzugang: Mit dem Handy kann man auch unterwegs im Internet surfen, E-Mails abrufen oder mailen.

5. Gründe, warum der Bruder ein Handy bekommen sollte

Liebe Eltern,

ihr könnt doch nicht meinem Bruder ein Handy verbieten! Wie soll er euch denn anrufen, wenn in der Schule etwas Wichtiges passiert oder er womöglich früher mit dem Unterricht fertig ist? Außerdem hat in seinem Alter mindestens jeder Zweite ein eigenes Handy. Da ist es doch peinlich, wenn er zugeben muss, dass ihr ihn für zu jung haltet oder euch solch ein Gerät nicht leisten könnt. Außerdem kann er dann in der Pause den anderen nur zusehen. Und das ist ziemlich langweilig. So wird er schnell zum Außenseiter.
Dabei wäre es im Moment gar kein Problem, das Ganze zu finanzieren. Ich habe ein Spitzenangebot zu einem sehr günstigen Preis gesehen, das sehr viele Funktionen aufweist. Sein Taschengeld reicht für die laufenden Kosten auf jeden Fall aus. Er kann sich monatlich eine Karte für 15 Euro leisten. Immerhin bekommt er allein zu Weihnachten ungefähr 70 Euro geschenkt. Damit hat er pro Monat schon über fünf Euro für das Handy zur Verfügung. Da bleiben dann von seinem Taschengeld für andere Ausgaben noch fast 16 Euro übrig. Und wenn ihr das Angebot aus dem Handy-Shop in Anspruch nehmt, kommt ihr zu seinem Geburtstag billig weg. Dieses Gerät kann er sogar als Kamera verwenden. Billiger kommt ihr wirklich nicht zu einem Geschenk, das ihm Freude bereitet. Überlegt es euch. Ein Handy gehört heutzutage wirklich zur Grundausstattung!

6. **Vorteile eines handgeschriebenen Liebesbriefs**

    Einen handgeschriebenen Liebesbrief kann man viel persönlicher gestalten, zum Beispiel mit schönem oder duftendem Papier oder mit Briefbeigaben wie Fotos oder gepressten Blumen. Außerdem kann solch ein Schreiben ein Leben lang aufbewahrt werden, während man beim Handy irgendwann den Speicherplatz wieder freigeben muss. In einem handgeschriebenen Brief kann man auch sehr viel mehr unterbringen als in einer SMS und sich mehr Zeit für die Formulierungen nehmen. Gerade bei einem Liebesbrief sollte man sich den Text besser überlegen und nicht einfach kurz nur das Notwendigste mitteilen. Schließlich soll doch der oder die Angesprochene merken, wie viel er oder sie einem bedeutet.

7. a) **Argumente der Eltern gegen Handys in den Händen von Jugendlichen**

    Eltern fürchten, dass ihre Kinder in die Schuldenfalle geraten könnten. Außerdem kann die Abhängigkeit von diesen kleinen Geräten sehr groß werden, weil sie viele Funktionen haben. Die Jugendlichen beschäftigen sich nur noch mit dem Handy und spielen dann ganz alleine, was zu Vereinsamung führen kann. Durch einen Internetzugang ist auch die Gefahr gegeben, dass Jugendliche auf Seiten mit gefährlichen Informationen geraten könnten. Gerade Gewaltszenen sind bei vielen leider sehr beliebt. Und nicht zuletzt rufen Kinder oft bei jeder Kleinigkeit an, was viele Eltern als störend empfinden. Warum sollen Schüler nicht in einer Freistunde noch in der Schule bleiben und auf den Bus warten? Sie können doch bis dahin ihre Hausaufgaben erledigen oder sich mit Freunden unterhalten.

    b) **Beispiel von Freizeitbeschäftigungen ohne Handy**

    Man kann mit Freunden gut Fußball oder Tischtennis spielen. Das stärkt nicht nur den Körper, sondern auch das Gemeinschaftsgefühl. Auch Karten- oder Brettspiele machen gemeinsam viel mehr Spaß. Man ist in einem spannenden Wettstreit und kann Strategien entwickeln. Das Wichtigste ist aber, dass man sich ohne Handy viel besser unterhalten kann.

Lösungen: Deutsch-Prüfung 2007

A. Rechtschreibung

1. Modifiziertes Diktat

2. Rechtschreibstrategien
   a) es kna**ll**t: Ich verdopple den Konsonanten (Mitlaut) nach einem kurz gesprochenen Vokal (Selbstlaut).
   b) die Gef**ä**hrdung: Ich suche verwandte Wörter.

3. Zeichensetzung

Vor 50 Jahren erschien erstmals die BRAVO**,** die bis heute ein wichtiger Begleiter für die meisten Jugendlichen ist und jede Woche aktuell über Stars**,** Mode und Probleme von Teenagern berichtet**.** Eine treue Leserin erzählt: **„**Jeden Donnerstag nach der Schule hole ich mir die BRAVO und bin dann für zwei Stunden nicht mehr zu sprechen.**"**

4. Textkorrektur

Immer mehr ~~Ernehrungswissenschaftler~~ fordern Eltern auf, das vormittägliche Pausenbrot ~~qalitativ~~ zu kontrollieren, denn ~~Vitamiene~~ und Ballaststoffe geben dem Körper die nötige Energie für den anstrengenden Schulalltag. Allerdings darf auch eine ausreichende ~~Flüsigkeitsaufnahme~~ nicht vergessen werden, die vor allem aus Saftschorlen oder Tee bestehen sollte. Viele ~~Produckte~~ der ~~getränkehersteller~~ beinhalten zu viel Zucker.

▶ Ernährungswissenschaftler   ▶ qualitativ   ▶ Vitamine
▶ Flüssigkeitsaufnahme   ▶ Produkte   ▶ Getränkehersteller

B. Textarbeit

Text 1: Kick it like Beckham

1. Fragen zum Inhalt
   a) Ihre Familie stammt aus Indien und lebt in England.
   b) Die Eltern wünschen sich, dass Jesminder Jura studiert und bald einen ordentlichen indischen Mann heiratet.
   c) Den Eltern gefällt es überhaupt nicht, dass Jess Fußball spielt.
   d) Sie hat ihre Abschlussprüfung erfolgreich hinter sich gebracht.

2. Sinngemäße Textaussagen
   a) d) e) g)

Lösungen: Deutsch-Prüfung 2007

3. **Fremdwörter**
   a) altmodisch, an etwas Bewährtem festhalten: konservativ
   b) Stimmung: Atmosphäre
   c) besonders: speziell
   d) Publikumsliebling, Vorbild: Idol

4. **Sprachbilder**
   a) „Ein Meer aus Rot und Weiß" bezieht sich auf die Zuschauer auf den Tribünen. Die Fans tragen die Farben ihrer Mannschaften, hier rot und weiß. Dadurch, dass es Tausende von Zuschauern sind, wirkt es aus der Ferne wie ein Meer, jedoch nicht in blau-weiß, sondern rot-weiß.
   b) Das sprachliche Bild „das hängt mir zum Hals heraus" bedeutet, dass jemand genug von etwas hat. Bezogen auf den Text ist gemeint, Jess ist genervt von den Hochzeitsvorbereitungen und will nichts mehr davon hören, weil sich in der Familie alles nur noch um die Hochzeit der Schwester dreht.

5. **Interpretation von Bild 1**
   a)
   ▶ „Jesminder, hast du mich nicht gehört?", fauchte Mum. (Zeile 27)
   ▶ „Jesminder, bist du verrückt geworden?" (Zeile 30ff)
   ▶ Anklagend blickte Mum zuerst auf den Fernseher, dann auf mich.
   ▶ Mit ihrem speziellen Blick, der überdeutlich sagt: Hör zu, ich bin deine Mutter und habe hier das Sagen. (Zeile 32ff)
   ▶ „Fußball hin oder her! Morgen ist die Verlobungsfeier deiner Schwester und du sitzt hier herum und schaust dir diesen Glatzkopf an!" (Zeile 34ff)
   ▶ Aufgebracht riss sie mir die Fernbedienung aus der Hand und schaltete den Fernseher aus.(Zeile 37f)

   b) „Oh je, was soll nur aus dem Mädchen werden? Sie hat nichts anderes mehr im Kopf als ihren Fußball. Ich gönne ihr ja ihr Hobby und sie ist auch wirklich gut darin, aber jetzt muss sie ihre Interessen doch mal zurücknehmen. Sie weiß doch, dass ihre Mutter kurz vor einem Nervenzusammenbruch wegen der Hochzeit steht. Warum nimmt sie keine Rücksicht darauf? Ich werde mit ihr ein ernstes Wort reden müssen. Ich bin schon gestraft mit meinen drei Frauen. Aber jetzt werde ich einmal durchgreifen und Jesminder ganz klar verdeutlichen, dass es momentan nichts Wichtigeres gibt als die Hochzeit ihrer Schwester. Oder sollte ich doch eher zu Jess halten?"

6. E-Mail an Jess

Liebe Jess,

vielen Dank für deine letzte E-Mail. Ich habe schon lange nichts mehr von dir gehört, aber du bist ja dauernd mit deinem Hobby „Fußball" beschäftigt. Ich finde es schon klasse, dass du dich davon nicht abbringen lässt. Du kennst ja die dummen Sprüche: „Mädchen und Fußball, ... ha, ha!" oder „Die spielt doch nur, weil sie Beckham anhimmelt …" Lass dich bloß nicht beirren, kämpfe weiter um deinen Traum. Aber Jess, eines muss ich dir als Freundin schon sagen: Vergiss bitte niemals, dass es nur ganz wenige Menschen gibt, die durch Fußballspielen reich geworden sind und als Mädchen ist es sogar dreimal so schwer. Deshalb solltest du bezüglich des Studiums auf deine Eltern hören. Das muss an erster Stelle stehen. Damit kannst du eher reich werden. Na ja, und wenn du studierst, lernst du bestimmt auch so tolle Typen wie Beckham kennen, das „Original" ist doch eh zu alt! Außerdem kannst du an der Uni sicher in eine Fußballmannschaft eintreten, die können dich da vielleicht noch mehr fördern. Ach, einen Tipp kann ich dir noch geben: Gegen den Hochzeitsstress hast du keine Chance. Das war bei mir auch so, als mein Bruder heiratete. Also tu wenigstens so, als ob es dich interessiert, dann kannst du viel Ärger vermeiden. Glaub' mir, danach wird alles wieder normal und du kannst deinem Hobby voll nachgehen. Außerdem haben dann deine Eltern auch wieder die Ruhe und Zeit, sich mit dir über deine Zukunftspläne zu unterhalten.
Mach's gut und maile bald zurück.
Deine Sonja

7. Erwartungen von Eltern und Verhalten von Jugendlichen

a)
- ▶ Berufswahl: Die Eltern wollen, dass ihr Kind im Büro arbeitet. Das Kind entscheidet sich aber für einen handwerklichen Beruf. Sie sind mit der Entscheidung nicht einverstanden, weil sie meinen, der Bürojob wäre doch die bessere Arbeit für ihr Kind.
- ▶ Kleidung: Die Eltern erwarten, dass sich ihr Kind normal kleidet, dieses zieht aber Punkklamotten vor. Oft schämen sich die Eltern dann für ihre Kinder.
- ▶ Wahl der Freunde: Eltern wünschen sich für ihre Kinder zuverlässige Freunde. Oftmals sind sie nicht mit der Wahl einverstanden, weil sie Angst haben, dass das eigene Kind auf die „schiefe Bahn" gerät.
- ▶ Am Abend ausgehen: Gerade Jugendliche gehen von Freitag bis Sonntag jeden Abend bis in die frühen Morgenstunden aus. Eltern sind oft nicht damit einverstanden, weil sie nicht wissen, was ihre Kinder unternehmen. Außerdem können die Jugendlichen dann montags nicht die volle Leistung bringen, weil ihnen einfach zu viel Schlaf fehlt.

Lösungen: Deutsch-Prüfung 2007

b) Eltern wollen immer nur das Beste für ihr Kind, manchmal ist es aber notwendig, seinen eigenen Weg zu gehen. Dies möchte ich an folgendem Beispiel aufzeigen:
Franziska möchte unbedingt Hotelkauffrau werden. Leider gibt es aber im umliegenden Landkreis keine entsprechenden Ausbildungsstellen. Deshalb bewirbt sich Franziska an Orten, wo sie von zu Hause ausziehen muss. Obwohl die Eltern dagegen sind, muss Franziska ihren Weg gehen, denn sie muss den Beruf erlernen, der ihr Freude macht, weil dies eine Entscheidung für das Leben ist.

Weitere Beispiele:
- ▶ Wahl des Berufes: Man muss das lernen, was man selbst will und nicht, was die Eltern wollen.
- ▶ sich von „falschen" Freunden trennen, um nicht in die Kriminalität abzurutschen

8. **Beschreibung eines lohnenswerten Traums**

Ich träume davon, einmal ein berühmter Kart-Rennfahrer zu werden. Aber dafür benötigt man Zeit, Geld und Geduld. Zuerst einmal muss man viel trainieren, um das Kartauto richtig zu beherrschen und ein Fahrgefühl aufzubauen. Das geht nicht von heute auf morgen, sondern man muss viel Ausdauer und Durchhaltevermögen aufbringen, um die Geduld nicht zu verlieren.
Zeit benötige ich deshalb, weil ich erst einmal eine dreijährige Grundausbildung im Kart-Slalom brauche und danach noch einmal zwei Jahre, um die Grundkenntnisse für das Rennfahren zu erlernen. Hier zählt nicht nur das praktische Wissen, sondern auch die Theorie.
Der größte Faktor ist aber das Geld. So eine Kartausrüstung (Helm, Handschuhe, Anzug, Schuhe) ist nicht gerade billig, aber sie ist die Grundvoraussetzung. Um überhaupt in einen Kart-Verein aufgenommen zu werden, braucht man ein eigenes Rennauto und das kostet mindestens 4000 Euro. Ich spare jeden Cent für dieses Hobby und arbeite neben der Schule. Und ich trainiere fleißig, um meinem Traum näher zu kommen. Ich werde nicht aufgeben, diesen zu verwirklichen.

Weitere Beispiele:
- ▶ Man tut alles dafür, um einen guten Schulabschluss zu erreichen.
- ▶ Man verwirklicht sich den Traum, Sänger/in zu werden.
- ▶ Traum vom eigenen Pferd/Auto/Haus …
- ▶ Man verwirklicht sich den Traum, um die Welt zu reisen.

Text 2: Fitness aus der Küche

1. **Zusammenfassung der Grundaussagen**

   Immer mehr Kinder sind zu dick, was zu ernsten körperlichen und seelischen Problemen führen kann. Ursachen für Übergewicht sind mangelnde Bewegung und falsche Ernährung. Um dies zu ändern, muss ein Sinneswandel bei allen Beteiligten stattfinden. Nicht nur Medien und Regierung, sondern auch Schulen und Eltern sollen Anregungen und Hilfen für eine gesündere Ernährungsweise anbieten.

2. **Fremdwörter**

   a) verbrauchen, zu sich nehmen: konsumieren
   b) auf die Kochkunst bezogen: kulinarisch
   c) Ausdauer, körperlicher Zustand: Kondition
   d) Erzieher, Lehrer: Pädagoge

3. **Sprachbilder**

   a) Das Sprachbild „den Kampf ansagen" bedeutet, dass man sich vornimmt, einen bestimmten Missstand zu beseitigen, auch wenn dies langwierig und mühevoll wird. Wenn z. B. ein Politiker der Krankheit „Aids" den Kampf ansagt, will er alle Mittel einsetzen, um diese Krankheit endgültig zu besiegen.

   b) Wenn „etwas schwer im Magen liegt", hat man ein bestimmtes Problem noch nicht gelöst oder noch nicht richtig verarbeitet. Meine Freundin z. B. hat gestern ihrem Freund bei einem Streit ungerechtfertigte Vorwürfe gemacht. Da sie jetzt weiß, dass sie im Unrecht war, sie sich aber noch nicht entschuldigen konnte, liegt ihr dieser Streit noch schwer im Magen.

4. **Abbildungen**

   a) Mögliche Überschriften
   - Anteil der übergewichtigen Kinder in den letzten zehn Jahren überall auf der Welt stark gestiegen
   - Weltweiter Anstieg der Zahl übergewichtiger Kinder
   - Kinder werden immer dicker!

   b) Nicht nur in Großbritannien, sondern auch in den USA, in Brasilien und in Deutschland gibt es immer mehr dicke Kinder. In all diesen Ländern hat sich der Anteil der Übergewichtigen in den letzten zehn Jahren verdoppelt oder sogar verdreifacht.

Lösungen: Deutsch-Prüfung 2007

5. Mögliche Folgen von Übergewicht
- ▶ Gelenkschmerzen
- ▶ Verlust der Ausdauer
- ▶ Einschränkungen in der Bewegung
- ▶ Zielscheibe von Hänseleien
- ▶ geringes Selbstwertgefühl
- ▶ geringe Kondition

6. Erläuterung des Zitats

Es reicht nicht aus, nur an Schulen besseres und gesünderes Essen anzubieten, wie es in England schon geschehen ist. Auch die Eltern müssen sich bewusst werden, wie wichtig gesunde Ernährung ist und dafür sorgen, dass sie und ihre Kinder vernünftig essen. Die Kinder bekommen sonst zwar in der Schule Gemüse und Joghurt, stopfen sich dann aber zu Hause mit Pommes und Süßigkeiten voll. Werbung für ungesunde Lebensmittel wie Chips oder Cola sollte eingeschränkt oder sogar verboten werden, damit Kinder gar nicht erst dazu verführt werden. Im Gegenteil, Kinder sollten durch positive Vorbilder in den Medien, wie z. B. Jamie Oliver, oder in eigenen Kinderkochkursen von den Vorteilen einer ausgewogenen Ernährung überzeugt werden.

7. Ratgeber für eine gesunde Lebensweise

„So bleibst du gesund und fit!"
Wer will das nicht: gesund und fit sein?! Und es ist eigentlich ganz einfach – es kommt nur auf zwei Dinge an, nämlich ausreichend Bewegung und die richtige Ernährung.
Ja, ja, das weißt du schon alles? Und du fragst dich: „Aber was genau soll ich nun tun, um meine Speckröllchen loszukriegen? Und warum soll ich das überhaupt tun?"
Hier bekommst du die Antworten!
Ganz wichtig ist genügend Bewegung. Was du machst, ist egal, aber mindestens eine halbe Stunde pro Tag musst du aufwenden.
Überlege dir, was du gerne machst: Spazieren gehen? Schwimmen? Fußball spielen? Irgendetwas ist sicher dabei! Dann könntest du doch mal Nordic Walking oder Joggen ausprobieren, einmal in der Woche ins Hallenbad gehen oder dich gleich bei einem Fußballverein anmelden. Such dir jemanden, der mit dir mitgeht, denn zu zweit macht's mehr Spaß und man kann sich gegenseitig motivieren.
Bewege dich aber auch im Alltag einfach mehr! Statt Rolltreppe oder Lift immer die Treppe benutzen! Das geht ganz einfach und ist eine tolle Übung für die Kondition und die Beinmuskeln. Oder fahr mal wieder mit dem Fahrrad oder mit den Inlinern in die Schule! Es regnet? Nein, diese Ausrede zählt nicht: Es gibt passende Kleidung und außerdem bist du doch nicht aus Zucker, oder?
Wenn du diese erste Hürde überwunden hast, musst du auf deine Ernährung achten. Du weißt sicher, dass Schokolade, Pommes und Chips ungesund sind

und dick machen. Und du isst sie trotzdem, weil sie so lecker schmecken? Kein Problem! Du darfst diese Dinge auch essen, aber höchstens einmal in der Woche. Deine Nahrung sollte hauptsächlich aus Getreideprodukten und Kartoffeln, viel Obst und Gemüse und genügend Flüssigkeit – mindestens 1,5 Liter täglich – bestehen. Jeden Tag solltest du auch Milch und magere Milchprodukte zu dir nehmen. Fettarmes Fleisch und magere Wurst sind in Maßen in Ordnung, aber fette Wurst und Butter solltest du nur ganz wenig essen.

Und wozu das alles? Du wirst sehen, du fühlst dich besser! Du hast weniger Probleme mit Atmung und Kondition und kannst eine Treppe hinauflaufen, ohne dass du gleich umkippst. Außerdem macht Kleiderkaufen viel mehr Spaß, wenn man endlich in die Wunschgröße passt.

Probier's einfach aus – tu' etwas für deinen Körper, er dankt es dir sicher!

8. Beispiele für ein glückliches, erfülltes Leben

Ich glaube auch, dass zu einem erfüllten glücklichen Leben mehr als Gesundheit und Fitness gehören. Dazu zählt an erster Stelle meine Familie, denn sie unterstützt mich und hilft mir, wo immer es geht. Ich habe immer jemanden zum Reden und fühle mich bei meinen Eltern und Geschwistern geborgen. Wenn ich älter bin, möchte ich auch heiraten und eine Familie gründen, denn eine eigene Familie zu haben ist meiner Meinung nach das größte Glück.

Für mich gehören auch Freunde zu einem glücklichen und erfüllten Leben, denn mit ihnen kann man Spaß haben, etwas unternehmen und neue Erfahrungen machen. Ohne sie wäre das Leben langweilig und eintönig. Mit meiner besten Freundin kann ich auch über alles reden und weiß, dass ich ihr blind vertrauen kann. Einen solchen Menschen zu haben, macht mich glücklich.

Zu einem erfüllten Leben gehört meiner Meinung nach auch ein Beruf, der einem gefällt und in dem man seine Fähigkeiten anwenden kann. Ich weiß von meinem letzten Praktikum, wie langweilig ein Beruf sein kann, der nicht zu einem passt. Die Stunden vergingen kaum und am Abend war ich nur genervt. In meiner anderen Praktikumsstelle war es genau umgekehrt: Der Beruf und die Firma gefielen mir. Es war alles interessant und ich konnte schon einige Sachen selbstständig erledigen. Der Chef hat mich sogar ein paar Mal für meine Arbeit gelobt. Es war nie langweilig und am Abend fühlte ich mich zwar müde, aber ich war zufrieden. Familie, Freunde und ein passender, interessanter Beruf gehören also zu einem glücklichen, erfüllten Leben genauso dazu wie Gesundheit und Fitness.

Weitere Beispiele:

- ▶ interessantes Hobby
- ▶ Freund/Partner/in
- ▶ ehrenamtliche Aufgabe
- ▶ etwas Sinnvolles tun
- ▶ einen Traum verwirklichen
- ▶ anderen helfen
- ▶ ausreichend Geld

Lösungen: Deutsch-Prüfung 2008

A. Rechtschreibung

1. **Modifiziertes Diktat**

2. **Rechtschreibstrategien**

Beispielwörter	Rechtschreibstrategie
Bedeutung, **K**rankheit, **T**raurigkeit	Ich mache die Artikelprobe. Die Nachsilben -ung, -heit und -keit dienen mir als Kennzeichen.
fa**ll**en, We**tt**er, i**mm**er	Ich verdopple den Konsonanten nach einem kurz gesprochenen Vokal.

3. **Ergänze s – ss – ß**

Der Berufsberater wei**st** immer wieder darauf hin, da**s** Bewerbungsschreiben in einer ansprechenden äu**ß**eren Form zu verfassen. Obwohl das jeder wei**ß**, bestätigen Ausbildungsbetriebe, da**ss** viele Bewerbungen aufgrund mangelnder Sorgfalt sofort aussortiert werden. Plu**s**punkte hingegen gewinnt der Bewerber durch zusätzliche Qualifikationen.

4. **Zeichensetzung**

„Die gute konjunkturelle Lage spiegelt sich jetzt auch auf dem Ausbildungsmarkt wider"**,** sagte der Geschäftsführer der Agentur für Arbeit in Bayern. Dass die Zahl der unbesetzten Lehrstellen höher ist als die der Bewerber, hängt vor allem damit zusammen**,** dass sich viele Jugendliche auf wenige Modeberufe stürzen.

5. **Textkorrektur**

An vielen Schulen werden Streitschlichter eingesetzt. Die Ergebnisse zeigen, dass dieses Konzept funktionieren kann. Man berichtet fast nur Gutes von diesen Schulen.

B. Textarbeit

Text 1: Merle

1. **Inhaltszusammenfassung**

Der Textauszug „Merle" von Andreas Steinhöfel handelt von einem kleinen Jungen, der von zwei älteren bedroht wird. Obwohl einige Umstehende die Szene beobachten, interessiert sich niemand für den kleinen Jungen. Merle will nicht tatenlos zusehen und schreitet unkontrolliert ein. Sie schreit die beiden älteren Jungen an, ihren Bruder in Ruhe zu lassen. Überrascht hetzen die beiden

Angreifer davon. Merle jedoch ist wütend und fährt auch ihren kleinen Bruder heftig an, dass er sich nicht alles gefallen lassen und sich mehr zur Wehr setzen solle. Den Tränen nahe und ohne jedes Wort fährt der kleine Junge davon. Daraufhin zweifelt Merle an ihrem Verhalten und denkt darüber nach, wie viele solcher Szenen auf der Welt ständig vorkommen.

2. **Fremdwörter**
   a) herrschsüchtige Menschen, Gewaltherrscher: Tyrannen
   b) Anreiz, Anstoß: Impuls
   c) anständiges, gerechtes Verhalten: Fairness
   d) zusammenstoßen: kollidieren

3. **Sprachbilder**
   a) Ein Kokon ist die Schutzhülle einer verpuppten Raupe, die sie vor Feinden schützt. Das Sprachbild „Ihr Leben war ein sicherer Kokon gewesen..." bedeutet daher, dass Merle wohlbehütet aufgewachsen ist. Alles Böse und Schlechte wurde von ihr ferngehalten, als ob sie von einer Art unsichtbaren Schutzhülle umgeben gewesen wäre.
   b)
   - ..., vom Horizont herangeschwapptes Gewitter. (Zeile 19f)
   - ..., sonst gibt´s was auf die Ohren. (Zeile 21f)
   - ... sie aus ihrem Mund herausschossen. (Zeile 24f)
   - ... hetzten sie davon wie geprügelte Hunde. (Zeile 27f)
   - ..., schoss es ihr durch den Kopf, ... (Zeile 52)

4. **Textarbeit**
   a)
   - Zeile 5ff: „All die Menschen, ..., hatten keinen Blick übrig für das, was da vor sich ging. Die nicht sahen oder nicht sehen wollten, dass die beiden Älteren sich im selben Maß aufplusterten ...
   auch möglich:
   - Zeile 42ff: „Sie fühlte sich ausgelaugt, fehl am Platz, zu klein für diese Welt. Sie hatte es falsch gemacht, völlig vergeigt. Hatte ihm womöglich mehr Angst eingejagt als zuvor die beiden Tyrannen. Und was hat ihr Einsatz schon gebracht?"

Lösungen: Deutsch-Prüfung 2008

b) **Schau nicht weg!**

Weil ich auch Hilfe brauche,
wenn ich in Not bin.

Weil man selber handeln
und nicht immer auf andere vertrauen soll.

Weil sich die Mühe lohnt,
denn jeder ist es wert.

Weil alles Schlechte
auch schlecht ist.

5. Stellungnahme

Ich bin der Meinung, dass Merle absolut richtig gehandelt hat, verstehe aber auch, dass Zweifel in ihr keimen, denn die Reaktion ihres kleinen Bruders macht nachdenklich. Merle hätte erwarten können, dass sich der kleine Junge bei ihr bedankt oder froh über die Hilfe der großen Schwester gewesen wäre. Zumindest hätte ich das von meinem Bruder erwartet. Vor allem erfordert eine solche Situation eine schnelle Reaktion und da kann es schon passieren, dass man heftig reagiert, vielleicht auch etwas überreagiert. Somit waren ja alle überrascht und die Angreifer wurden doch in die Flucht geschlagen. Auch wenn sie jetzt ihrem kleinen Bruder Angst eingejagt hat, hat sie ihn doch vor Schlimmerem bewahrt. Schade finde ich auch, dass Merle überhaupt darüber nachdenkt, ob sich ihr Einsatz gelohnt hat, denn würde es nicht ein paar Menschen wie sie geben, dann würde es bestimmt noch schlimmer auf der Welt zugehen.

6. Mutiges Eingreifen

Es gibt Situationen, in denen mutiges Eingreifen erforderlich ist. Eine solche Situation kann z. B. auf dem Pausenhof entstehen. Zwei Schüler fangen einen Streit an, jeder kennt diese Situation. Sofort bildet sich eine Traube um die zwei Streitenden, doch keiner der Umstehenden versucht den Streit zu schlichten. Schon hier sollte man unbedingt eingreifen, damit der Streit beigelegt wird, denn oft wird aus einem verbalen Streit ein Zweikampf mit körperlicher Gewalt. Selbst wenn sich die Beiden schlagen, muss man unbedingt versuchen, sie auseinander zu bringen. Wenn man glaubt, körperlich unterlegen zu sein, muss man schnell einen Lehrer oder ältere Schüler um Hilfe bitten. Das Schlechteste, was der Außenstehende machen kann, ist, in der Menge zu stehen und darauf zu hoffen, dass jemand anderes eingreift.

Weitere Situationen:
▶ ältere Menschen werden von Jugendlichen bedroht oder angepöbelt
▶ am Badeweiher/im Schwimmbad ruft jemand um Hilfe
▶ Mädchen werden von Jungen belästigt
▶ Ausländer werden beschimpft und bedroht

Lösungen: Deutsch-Prüfung 2008

7. Respektvoller Umgang miteinander ist unverzichtbar

Das Sprichwort „Was du nicht willst, das man dir tu', das füg auch keinem anderen zu!" klingt manchmal schon sehr abgedroschen, trifft aber doch im wirklichen Leben sehr häufig zu.

Gerade in der Schule wird sehr gerne über andere Mitschüler gelästert. Wer hat das noch nicht getan, dass er sich nicht gerade nett über das Aussehen oder die Kleidung anderer Klassenkameraden geäußert hat? Und wie lustig findet man es, wenn man mit Freunden über andere lästern kann. Bekommt man jedoch zu Ohren, dass über einen selber schlecht geredet wird, ist man gekränkt, traurig und verletzt. Deshalb sollte man es auch nicht bei anderen machen.

Auch sollte jeder höflich zu seinen Mitmenschen sein, denn man möchte doch auch selber höflich behandelt werden. Ich glaube, dass keiner beleidigt werden will, deshalb sollte man auch seine Mitmenschen respektvoll behandeln. Gehen die Menschen nämlich höflich miteinander um, ist vieles wesentlich einfacher und es entstehen deutlich weniger Spannungen untereinander.

Gegenseitige Rücksichtnahme ist in unserer Gesellschaft ebenfalls unverzichtbar. Ist es denn wirklich zu viel verlangt, dass jüngere Menschen älteren den Vortritt lassen oder auf dem Gehweg einen Schritt zur Seite gehen? Nein, ganz sicher nicht. Man freut sich doch selber, wenn einem der Weg frei gemacht wird.

Auch das Vordrängeln in einer Schlange an der Kasse muss wirklich nicht sein, denn so viel Zeit muss sich jeder nehmen können und ich vermittle den anderen Wartenden nicht das Gefühl, dass ich sie nicht respektiere. Denn diese müssen doch genauso warten, bis sie dran kommen. Umgekehrt regt sich jeder auf, wenn sich jemand vordrängelt.

Ebenso sollten Kinder gegenüber ihren Eltern Respekt haben. Das heißt nicht, dass alles, was die Eltern von einem verlangen, gemacht werden muss, jedoch sollten verschiedene Gesichtspunkte vernünftig ausdiskutiert werden und gegenüber den Eltern keine bösen Worte fallen. Auch Kinder erwarten von ihren Eltern, dass sie ihre Sprösslinge nicht beschimpfen und mit ihnen vernünftig und respektvoll umgehen.

Würde sich jeder nur ein bisschen mehr an das oben genannte Sprichwort halten, würden viele Probleme in unserer Gesellschaft gar nicht erst entstehen.

Text 2: Meine virtuellen Freunde

1. Inhaltszusammenfassung

In dem Zeitungsartikel „Meine virtuellen Freunde" geht es um das Problem Internetsucht. Immer mehr junge Menschen verbringen immer mehr Zeit vor dem Computer, um Freunde zu finden, zu chatten, Beziehungen zu pflegen oder Online-Spiele zu spielen. Manche Jugendliche, wie hier im Text das Mädchen Sophie, haben mehr Kontakt mit Internetfreunden als mit der eigenen Familie oder den echten Freunden. Die Sucht nach immer mehr Internet kann zu schweren körperlichen und psychischen Problemen führen.

Lösungen: Deutsch-Prüfung 2008

2. **Fremdwörter**
    a) Wirkung, Ergebnis: Effekt
    b) Stoff: Substanz
    c) übermäßig, ausschweifend: exzessiv
    d) sich verständigen, in Verbindung setzen: kommunizieren

3. **Folgen übermäßiger Internetnutzung**
    - zu wenig Schlaf
    - zu wenig Bewegung
    - Ernährungsmangel
    - Vernachlässigung von Freunden/Schule
    - psychische Probleme bei Entzug (Unruhe, Verstimmungen, Nervosität, Aggressionen)

4. **Sprachbilder**

    Das Sprachbild „Abtauchen in die virtuelle Welt" bedeutet, dass man sich in eine andere Welt begibt, die nur im Computer existiert. Wie beim echten Tauchen ist man in dieser Zeit von der Außenwelt abgeschnitten und hat nur noch Kontakt zu anderen Internetnutzern. Alles andere und alle anderen werden unwichtig.

5. **Erläuterung der Karikatur**

    In der Zeichnung gibt sich ein älterer, dicker Mann im Internet-Chat als junger, gut aussehender Hip-Hop-Fan aus, um mit einem jungen Mädchen Kontakt aufzunehmen.
    Der Zeichner möchte damit ausdrücken, dass man sein Gegenüber in der virtuellen Welt gar nicht kennt und kennen kann. Jeder kann schreiben, was er will, denn es ist schwierig zu kontrollieren, ob jemand die Wahrheit sagt oder nicht. Daher sollte man bei virtuellen Kontakten im Internet besonders vorsichtig sein, um nicht auf falsche oder sogar gefährliche „Freunde" hereinzufallen.

6. **Textarbeit**
    a) Seit 2004 nutzen jedes Jahr mehr Deutsche das Internet; im Jahr 2006 waren es bereits 60%. Diese Entwicklung wird sich voraussichtlich bis zum Jahr 2010 fortsetzen, sodass dann fast 70% Zugang zum Internet haben werden.

b) Beruf:
- ▶ Informationen über Geschäftspartner, Kunden erhalten
- ▶ eigene Werbung über Homepage
- ▶ E-Mail-Kontakte zu Geschäftspartnern
- ▶ Tickets für Geschäftsreisen
- ▶ mit Kollegen im Ausland Kontakt halten
- ▶ schnelle Bestellung von Materialien in der ganzen Welt möglich
- ▶ E-Mails sind schneller und billiger als Briefe
- ▶ Jobangebote einholen

privat:
- ▶ Onlinebanking
- ▶ Einkaufen, Verkaufen
- ▶ Kontakt mit Freunden im Ausland halten
- ▶ Informationen über Verkehrsverbindungen
- ▶ Informationen für die Freizeitgestaltung
- ▶ Recherchen für ein Thema in der Schule
- ▶ Tipps für die Bewerbung suchen

7. Im wirklichen Leben „wer" sein

Wie kann man im wirklichen Leben „wer" sein? Ich denke, es gibt viele Möglichkeiten, um Anerkennung zu bekommen.
Zum Beispiel kann man sich sozial engagieren. Letztes Jahr gab es die Aktion „Zeit für Helden", bei der Jugendliche drei Tage lang etwas Soziales leisteten, z.B. einen Spielplatz schöner gestalteten, in einem Altersheim eine Aufführung veranstalteten usw. Alle, die dabei waren, waren hinterher richtig stolz auf sich selbst und erhielten viel Anerkennung.
Anerkennung erhält man auch, wenn man in der Schule erfolgreich ist und einen guten Abschluss macht. Außerdem kann man dann einen Lehrberuf bekommen, in dem man später auch gut verdient, was wiederum Anerkennung schafft.
Aber nicht nur die Noten zählen. Ansehen und Anerkennung haben auch die Schülersprecher, die sich für andere Schüler einsetzen und aktiv das Schulleben mitgestalten.
Ich finde, diese Jugendlichen sind echte, positive Vorbilder. Denn sie zeigen uns, dass man auch „wer" sein kann, indem man sich für andere einsetzt und in der Schule oder im Beruf Erfolg hat.

Weitere mögliche Beispiele:
- ▶ in einem Verein mitarbeiten und dort Aufgaben übernehmen, z. B. als Gruppenleiter
- ▶ bei einem kulturellen Projekt mitmachen, z. B. Theateraufführung, …
- ▶ in einer Sportart gut sein
- ▶ eine besondere künstlerische Begabung haben, z. B. gut zeichnen, singen, tanzen können

Lösungen: Deutsch-Prüfung 2008

8. **Stellungnahme**

Ich glaube nicht, dass virtuelle Freunde echte Freunde ersetzen können.
Mit echten Freunden kann man abends weggehen. Man sieht sich, kann lachen, reden und Blödsinn machen. Zwar kann ich auch mit einem virtuellen Freund „reden" und vielleicht Witziges schreiben, aber ich kann ihn nicht lachen hören und ich kann sein Gesicht und seine Miene nicht sehen. Aber das ist ganz wichtig, denn manchmal sagen Gestik und Mimik mehr aus als nur Worte. Ein virtueller Freund kann mich auch nicht in die Arme nehmen, wenn ich einmal Trost brauche.
Was kann man mit virtuellen Freunden schon unternehmen? Sie sitzen meist Hunderte von Kilometern weit weg an einem anderen Rechner. Ich kann ihnen immer nur schreiben, das ist auf Dauer auch langweilig. Mit echten Freunden kann ich viel mehr unternehmen, denn sie wohnen in der gleichen Stadt, gehen in dieselbe Schule oder besuchen denselben Verein. Man hat gemeinsame Interessen und Hobbys, die man zusammen ausüben kann.
Es sind vertraute Personen, mit denen man vielleicht sogar aufgewachsen ist. Wenn ich aber den ganzen Tag vor dem PC sitze und keine Zeit mehr für die echten Freunde habe, fühlen die sich vernachlässigt. Ist es wert, Freundschaften aufs Spiel zu setzen wegen Leuten, die man eigentlich überhaupt nicht kennt? Ich denke nicht.
Meiner Ansicht nach sind virtuelle Freunde eine Zeit lang vielleicht ganz interessant, sie können aber niemals echte Freunde ersetzen.

Lösungen: Deutsch-Prüfung 2009

A. Rechtschreibung

1. Modifiziertes Diktat

2. Rechtschreibstrategien

Beispielwörter	Rechtschreibstrategie
nichts **B**esonderes	Großschreibung: Signalwort „nichts" oder Artikelprobe (das Besondere)
die Eink**äu**fe	Ableitung von einem verwandten Wort (z. B.: kaufen) oder Bildung des Singulars (der Einkauf)

3. Schreibweise

a) ☒ In der Übungsfirma legt man besonderen Wert auf Teamfähigkeit.

b) ☒ Außerdem wird das Denken in wirtschaftlichen Zusammenhängen trainiert.

4. Arbeit mit dem Wörterbuch

a) aus dem Griechischen
b) ökonomisch
c) Ökonomien
d) Einzahl beziehungsweise Singular

5. Textkorrektur

Um ein Übungsunternehmen aufzubauen und zu betreiben, müsst ihr selbst handeln und gemeinsam mit anderen Schülern im Team arbeiten.

B. Textarbeit

Text 1: Der Wahnsinnstyp oder: Während sie schläft

1. Inhaltszusammenfassung

In der Kurzgeschichte „Der Wahnsinnstyp oder: Während sie schläft" von Katja Reider geht es um ein junges Mädchen, das mit dem Zug zu seiner Tante fährt. Ihr gegenüber sitzt ein gut aussehender Junge. Jedoch traut sie sich nicht ihn anzusprechen, da an seiner Schulter ein Mädchen schläft. Nach einer Weile steigt dieses aber aus und es stellt sich heraus, dass es sich nicht um seine Freundin handelt. Beide kommen ins Gespräch und, um den Wahnsinnstypen zu erobern, bleiben dem Mädchen noch 62 Minuten.

Lösungen: Deutsch-Prüfung 2009

2. Personen

Junge:
- dunkle Locken
- Wuschelkopf
- grüne Augen mit Sprenkeln
- Grübchen

Mädchen:
- älter als Ich-Erzählerin
- lange blonde Haare
- sieht aus wie ein Engel

3. Sprachbilder
- Der Ausdruck „... zur Salzsäule erstarrt" bedeutet, dass man sich nicht mehr bewegen kann, weil man absolut fassungslos ist oder panische Angst hat.
- „Wie von der Tarantel gestochen" kann wie folgt erklärt werden: Man springt plötzlich auf oder macht etwas völlig Unerwartetes.

4. Jugendsprache

a) Zeile 19: „Ach ja, klar ..."
Zeile 23: „Diesen bescheuerten Platz ..."
Zeile 42: „... einen voll süßen Jungen ..."
Zeile 44: „..., dass der Wahnsinnstyp ..."
Zeile 53: „... tollen Typ ..."
Zeile 60: „... voll doofen Eindruck ..."
Zeile 65: „Die beiden passen super zusammen."
Weitere Beispiele:
„Himmel, was hat der für Augen."
„Echt, bei Grübchen werde ich immer schwach."
„Pustekuchen. Mein Kopf ist hohl wie eine Kokosnuss."
„... auf die Ohren knallen"
„... die Braut mit Eminem beschallen"
„... irgendwas Supertolles"
„... mittelspannende Tante ..."

b) Die Autorin bedient sich dieser Sprache, weil Jugendliche die Geschichte dadurch besser verstehen und sich damit identifizieren können. So finden sie die Erzählung interessanter und lesen sie gerne.

5. Merkmale Kurzgeschichte

Die genannten Merkmale der Kurzgeschichte treffen voll und ganz zu. Der unerwartete Wendepunkt tritt ein, als „der blonde Engel" aus dem Zug stürmt, der Junge aber seelenruhig auf seinem Platz sitzen bleibt und es sich herausstellt, dass sie gar kein Pärchen sind.
Ebenso ist ein offener Schluss vorhanden. Der Leser muss sich nämlich das Ende der Geschichte selbst ausmalen. Wird es das Mädchen in der verbleibenden Zeit schaffen, den „Wahnsinnstypen" zu erobern? Jeder, der die Geschichte liest, kann sich seinen eigenen Schluss denken.

6. Gedanken des Jungen

Ich dachte, das wird eine langweilige Zugfahrt. Aber ganz im Gegenteil, was bin ich für ein Glückspilz. Da habe ich doch zwei supersüße Mädchen in meinem Abteil und eine davon schläft sogar an meiner Schulter. Wobei, die, die mir gegenüber sitzt, die finde ich ja voll schnuckelig. Die ist ja richtig schüchtern. So etwas ist mir ja noch nie passiert! Hoffentlich meint sie nicht, dass die neben mir meine Freundin ist. Ich würde schon gerne mit meinem Gegenüber ins Gespräch kommen. Was sag' ich denn bloß? Soll ich sie fragen, wohin sie fährt? Oh Mann, das ist ja eine plumpe Anmache. Mir muss etwas Besseres einfallen. Vielleicht lächle ich sie einfach mal an und sie sagt ja etwas. Das wäre genial, denn mir fällt wirklich nichts Geistreiches ein. Oder soll ich gleich mal klarstellen, dass ich keine Freundin habe. Aber was, wenn sie das gar nicht interessiert? Oh Gott, ich kann mich überhaupt nicht mehr auf mein Buch konzentrieren.

7. Vergleich Gedicht und Kurzgeschichte

Das Gedicht und die Kurzgeschichte zeigen gewisse Gemeinsamkeiten auf. So heißt es im Gedicht von Tucholsky „... Zwei fremde Augen, ein kurzer Blick..." Auch das Mädchen, das zu seiner Tante fährt, sieht zu Beginn der Geschichte den Jungen immer nur kurz an. Eine weitere Gemeinsamkeit zu folgendem Inhalt im Gedicht „Was war das? Vielleicht dein Lebensglück ... vorbei, verweht, nie wieder" ist das offene Ende der Kurzgeschichte. Man weiß nicht, ob die beiden zusammenkommen werden oder ob sie sich nie wieder sehen.
Unterschiede findet der Leser darin, dass das Mädchen zu seiner Tante fährt. Im Gedicht gehen die Menschen zur Arbeit. Ebenso kann man aber auch sagen, dass sich die Menschen im Gedicht nur kurz sehen (... ein kurzer Blick, ...). Dagegen kommen der Junge und das Mädchen nach mehrmaligem Blickkontakt ins Gespräch.

8. Stellungnahme

Der erste Eindruck ist oft entscheidend, kann aber auch täuschen. Ich denke, diese Erfahrung hat bereits jeder gemacht.
Der erste Eindruck zählt, denn schon da entscheiden wir uns, ob wir mit diesem Menschen ins Gespräch kommen wollen. Erscheint einem eine Person sympathisch, empfinden wir das als angenehm und man startet viel leichter ein Gespräch. Jedoch kann sich im Laufe des Gesprächs sehr schnell herausstellen, dass mein Gegenüber zwar gut und nett aussieht, aber die Art und Weise, wie er sich ausdrückt und welche Meinung es vertritt, nicht auf meiner Wellenlänge liegt. Sofort ist man enttäuscht, dass man sich von einem „tollen Äußeren" blenden lassen und eventuell jemanden links liegen gelassen hat, der weniger gut aussieht, jedoch einen tollen Charakter besitzt.
Das Gelingen einer Freundschaft hängt überwiegend von anderen Faktoren ab. Auch diese Aussage kann ich nur unterstreichen, denn wahre Freunde erkennt man nicht am Aussehen, sondern wie sie sich einem gegenüber verhalten.

Lösungen: Deutsch-Prüfung 2009

Richtige Freunde zeigen sich oft erst in Situationen, in denen es einem nicht so gut geht. Hier sind sie für einen da, nehmen sich Zeit und versuchen einem zu helfen. Was hilft mir ein Freund / eine Freundin, die zwar gut aussieht, für die aber nur das Aussehen wichtig ist und die keine Zeit hat, wenn ich einmal einen Ratschlag oder Hilfe brauche?
Zusammenfassend kann man sagen, dass es wichtig ist, Menschen richtig kennenzulernen und sie nicht nach ihrem Äußeren zu beurteilen.

Text 2: Faulenzen will gelernt sein

1. **Inhaltszusammenfassung**

    Der Text zeigt auf, wie wichtig Ruhe und Entspannung für Kinder und Jugendliche sind.
    Wenn Kinder keine Zeit mehr haben, sich zu entspannen, können aufgrund der Reizüberflutung gesundheitliche Schäden, wie zum Beispiel Angstzustände oder Infektionskrankheiten, auftreten. Richtiges Entspannen hingegen hat sogar einen positiven Effekt auf die schulische Leistungsfähigkeit und die Wissensverfestigung. Wichtig ist, dass Ruhe und Anspannung in einem natürlichen Rhythmus zueinander stehen.

2. **Mögliche Überschriften**
    - Chillen – aber richtig!
    - Mach mal Pause!
    - Vorteile des Faulenzens

3. **Fremdwörter**
    a) ertragen, gewähren lassen: tolerieren
    b) festigen, verfestigen: stabilisieren
    c) Gleichgewicht: Balance
    d) gesteigerter Bewegungsdrang: Hyperaktivität

4. **Textarbeit**

    Wenn ein Jugendlicher schlechte Noten mit nach Hause bringt, schimpfen die Eltern oft und werfen ihm vor, nicht genügend gelernt zu haben. Er findet diese Vorwürfe aber ungerecht und reagiert frech oder uneinsichtig. Als Folge kommt es zu Streitigkeiten in der Familie.

Lösungen: Deutsch-Prüfung 2009

5. **Freizeitverhalten der Kinder**
   Erkenntnisse des Textes sind:
   Richtig entspannen ist wichtig – dazu gehören: dösen, nichts tun, Nickerchen machen, spazieren gehen, Natur betrachten, im Spiel versinken, leise Musik hören, …

   Nein, das Freizeitverhalten der Kinder stimmt nicht mit diesen Erkenntnissen überein:
   - 78 Prozent der Kinder schauen fast täglich fern – keine gute Entspannungsmethode
   - nur 19 Prozent ruhen sich aus und tun nichts
   - mehr Kinder, nämlich 24 Prozent, nutzen den Computer
   - ruhige Tätigkeiten, wie lesen oder malen, liegen am unteren Ende der Skala

   Ja, das Freizeitverhalten stimmt überein:
   - etwa ein Drittel der Kinder zwischen 6 und 13 Jahren hört gerne Musik – (ruhige) Musik ist entspannend
   - die meisten Kinder spielen gerne, am liebsten sogar draußen – Aufenthalt in der Natur und spielen sind gute Entspannungsmethoden
   - sich mit Freunden treffen ist sehr beliebt (53 Prozent) – auch Lisa (Zeile 9ff) trifft sich mit ihrer Freundin und „vertrödelt" dabei ihre Zeit

   Hinweis: Die Aufgabenstellung ist nicht eindeutig zu bearbeiten. Daher kommt es vor allem auf eine gute Begründung an.

6. **Erläuterung der Karikatur**
   a) Reizüberflutung tritt dann ein, wenn man zu vielen verschiedenen Reizen gleichzeitig ausgesetzt ist. In der Karikatur versucht der Junge Hausaufgaben zu machen, obwohl Fernseher und Musik laufen und der Computer eingeschaltet ist. Vielleicht klingelt sogar das Handy. So kann er sich auf nichts konzentrieren, da zu viele Reize auf ihn einströmen, die das Nervensystem gar nicht mehr verarbeiten kann.

   b)
   - Hyperaktivität
   - Aggressionen
   - Angstzustände
   - Schlaflosigkeit
   - ständige Infektionskrankheiten

7. **Entspannen – aber wie?**
   Nach einem langen, anstrengenden Schultag entspanne ich mich am besten, wenn ich mich in mein Bett lege und ruhige Musik höre. Hier kann ich hervorragend abschalten und über alles nachdenken.
   Bei schönem Wetter lege ich mich raus in meine Gartenliege und lasse mich von der Sonne bescheinen. Wenn dann noch meine Freundin kommt und wir endlos über alles reden, was am Vormittag passiert ist, kann ich den Stress am besten bewältigen.

Eine weitere Entspannungsmethode ist Bewegung. Wenn mich die Schule gestresst hat, fahre ich mit dem Fahrrad raus in den Park oder in den Wald und drehe einige Runden. Dann werde ich wieder ruhiger und kann den weiteren Tag „relaxed" angehen.

8. Stellungnahme

Ich meine auch, dass man nicht immer machen kann, wozu man gerade Lust hat, wenn man sich ein Ziel gesteckt hat.
Mein Ziel ist es, den Qualifizierenden Abschluss an der Schule zu schaffen. Ich weiß, dass ich dafür lernen muss und habe dies auch getan. Es war nicht immer leicht, an einem heißen Tag darauf zu verzichten, ins Freibad zu gehen und stattdessen daheim am Schreibtisch zu bleiben. Eigentlich hatte ich keine Lust zu lernen, sondern wäre viel lieber mit meinen Freunden zum Schwimmen gegangen. Doch für mein Ziel, den Quali zu erreichen, musste ich einfach konsequent bleiben. Denn wenn man sich vorgenommen hat zu lernen, sollte man das nicht auf morgen verschieben, sondern auch wirklich tun.
Bei meinem Hobby Fußball ist es ähnlich. Ich muss zweimal in der Woche ins Training und am Wochenende oft spielen. Nicht immer habe ich Lust, ins Training zu gehen, weil meine Kumpels mit mir etwas anderes unternehmen wollen oder weil ich einfach müde bin. Aber ich möchte auch meine fußballerischen Leistungen verbessern und weiß, dass ich dafür üben muss. Mein Ziel ist es,
möglichst gut zu spielen, meine Technik zu verbessern und mit meiner Mannschaft in die nächsthöhere Klasse aufzusteigen. Daher muss ich auch trainieren, wenn ich gerade einmal keine Lust habe. Denn sonst schade ich mir selbst und meinen Teamkollegen.
Daher finde ich auch, dass man nicht immer machen kann, wozu man gerade Lust hat. Aber es lohnt sich, auf manches zu verzichten, um seine Ziele zu erreichen.

Lösungen: Deutsch-Prüfung 2010

A. Rechtschreibung

1. **Modifiziertes Diktat**

2. **Rechtschreibstrategien**

Beispielwörter	Rechtschreibstrategie
bereitwillig	Überprüfung der Endung (-ig) oder Überprüfung der Wortart (Wie?)
Arbeitsmärkte	Ableitung von einem verwandten Wort (z.B. Markt) oder Bildung des Singulars (Arbeitsmarkt)

3. **Zeichensetzung**

   In Australien reicht die Geburtenrate nicht aus**,** um für ausreichend Nachschub an Arbeitskräften zu sorgen**.** Vor einigen Monaten versicherte der Regierungschef**:** „Aus allen Ländern der Welt nehmen wir ausgebildete Menschen, die den Anforderungen entsprechen.**"**

4. **Textkorrektur**

   Ein ungebremster Aufschwung und Tiefstände bei den Arbeitslosen lassen Australien in aller Welt nach Fachkräften Ausschau halten.

5. **Textkorrektur**

   a) regelmäßig
   b) jeweilige
   c) erläutert
   d) Leben

B. Textarbeit

Text 1: Jenny

1. **Inhaltszusammenfassung**

   Die Erzählung handelt von Claudia, einem geistig behinderten Mädchen und ihrer Schwester, die auf sie aufpassen muss, während ihre Mutter zum Einkaufen geht. Die Schwester ist darüber verärgert, weil sie eigentlich mit ihren Freunden spielen möchte. Doch Claudia braucht ständig Aufsicht, weil sie sonst davonläuft oder Unsinn macht. Auf der Straße begegnen sie Jenny, einer Freundin der Schwester. Da passiert etwas Unerwartetes. Claudia, die sonst kaum sprechen kann, sagt laut und deutlich „Jenny". Die Schwester freut sich darüber sehr und vergisst allen Ärger.

Lösungen: Deutsch-Prüfung 2010

2. **Personen**
   - kleine Schwester, die fast so groß ist wie die Erzählerin
   - kann nicht richtig sprechen, es klingt wie eine andere Sprache
   - hat bei der Geburt keine Luft bekommen
   - ohne Tabletten zu aufgeregt
   - geht gerne raus
   - kann sich nicht merken, dass sie leise sein soll
   - konnte bis vor zwei Jahren gar nicht sprechen

3. **Aussage erklären**

   Claudia ist jünger als die Ich-Erzählerin, deshalb ist es die kleine Schwester. Jedoch hat sie, obwohl sie jünger ist, fast die gleiche Körpergröße wie die Erzählerin, dadurch ergibt sich die „große" Schwester.

4. **Begründung**

   Es ist nicht immer einfach für die Ich-Erzählerin, da sie ihre eigenen Interessen wegen ihrer behinderten Schwester zurückstecken muss. So kann sie nicht mit Bernd und Jenny Radfahren gehen, weil sie auf ihre Schwester aufpassen muss. (Zeilen 7 – 10).
   Auch muss Claudia immer kontrolliert werden, sonst stellt sie zuviel an.
   Zeilen 45 – 49: „Da steht meine Schwester, zeigt zum Klo ... Jedenfalls ist es verstopft."
   Ebenso verhält sich Claudia oft so, dass die Ich-Erzählerin genervt ist. Dies belegt die Zeile 72f: „ ..., drückt ihn und schmeißt die Tür mit Wucht zu. ... Die nervt mal wieder."
   Ihre Enttäuschung, dass sie nicht mit ihrer Schwester reden kann, wird in den Zeilen 82 – 85 ausgedrückt: „Schade, dass ich nicht wenigstens manchmal mit ihr reden kann. ... nicht mehr als ein paar Wörter."

5. **Textstelle in Bezug auf Abbildung**

   Zeile 117f: „Jenny", sagt sie. Und jetzt freu ich mich riesig, dass ich bei ihr geblieben bin.

6. **Mail an die Freundin**

   Hey Jenny,

   du glaubst nicht, was heute Nachmittag Tolles passiert ist! Kurz nachdem du weg warst, hat Claudia deinen Namen gesagt. Ich freu mich so! Zuerst ganz leise, aber ich habe sie verstanden. Es kam ganz plötzlich. Sofort habe ich ihr deinen Namen noch einmal vorgesagt und dann konnte sie ihn schon ganz deutlich nachsprechen. Wahnsinn!
   Meine Eltern sind ebenfalls überglücklich und haben ganz spontan entschieden, gleich morgen mit uns in einen Freizeitpark zu fahren. Wenn du Lust hast, kannst du ja mitkommen.

Ich hoffe, du freust dich auch ein bisschen für mich. Ich weiß, dass das für dich nichts Aufregendes ist, aber du musst das verstehen. Du weißt doch, dass Claudia kaum redet und wie lange es gedauert hat, bis sie die wenigen Worte konnte.
Ach, ich könnte die ganze Welt umarmen. Melde dich doch heute noch mal kurz.
Bis dann
Anna

7. a) **Zentrale Aussage der Grafik**

    Die Statistik zeigt, dass mit zunehmendem Alter der prozentuale Anteil an behinderten Menschen steigt.

   b) **Erläuterung der Herausforderung**

    Da die Menschen immer älter werden, nimmt auch die Zahl der Behinderten zu. Dies führt zu einer starken Belastung der öffentlichen Kassen, denn diese Menschen benötigen professionelle Hilfe und Betreuung. Deshalb werden die Beiträge für die Krankenkasse weiter steigen, ebenso auch die Beiträge für die Pflegeversicherung, da die Pflege der alten Menschen sonst nicht finanzierbar ist.
    Aber auch gut ausgebildetes, engagiertes Personal im Pflegebereich ist unabdingbar. Der Beruf des Alten- bzw. Krankenpflegers muss durch annehmbare Arbeitszeiten und gute Bezahlung attraktiv gemacht werden.
    Ebenso müssen moderne Pflegeheime gebaut werden, die sich jeder einmal leisten kann, wenn er sie benötigt. Dies ist ohne staatliche Hilfe nicht machbar, und deshalb muss die Gesellschaft – also jeder – den Staat wieder mit mehr Steuerzahlungen unterstützen.
    Aber auch die ehrenamtliche Arbeit jedes Einzelnen darf nicht unbeachtet bleiben. So sollte jeder gesunde Mensch sich die Zeit nehmen, Menschen, die Hilfe benötigen, aus Überzeugung und ohne Bezahlung zu helfen.

8. **Stellungnahme**

    Oft weiß man Dinge erst zu schätzen, wenn man sie mit Mühe erreicht hat. So ist es auch im Umgang mit seinen Mitmenschen. Es strengt an, sich für sie einzusetzen, jedoch hat man dadurch etwas erreicht und fühlt sich dann gut.
    Wenn man sieht, dass ein Mitschüler auf dem Pausenhof ständig gemobbt wird und dieser schon Angst hat, nur in die Pause zu gehen, sollte man ihm helfen. Natürlich wird der Helfende erst einmal selbst von den „Mobbern" angepöbelt, und es kann sein, dass er dann auch Ärger hat. Aber durch sein Einmischen gelingt es, das Mobbing zu stoppen. So fühlt man sich sicher gut, dass jemandem geholfen werden konnte. Man ist auch auf sich selbst stolz, nicht dem Ärger aus dem Weg gegangen zu sein, sondern etwas Gutes für seinen Mitschüler erreicht zu haben. Auch die Anerkennung von vielen anderen Mitschülern bleibt nicht aus

Lösungen: Deutsch-Prüfung 2010

und es können sich neue Freundschaften entwickeln. Was noch dafür spricht, zu helfen und nicht wegzuschauen, ist die Dankbarkeit des anderen, dem geholfen wurde. Wen freut es nicht, ein ehrliches Danke zu bekommen?

Auf der anderen Seite kann es auch erst einmal ganz schön anstrengend sein, wenn man sich nicht nur um sich selbst, sondern auch noch um andere kümmert. Oftmals müssen dann die eigenen Interessen zurückgesteckt und Rücksicht auf seine Mitmenschen genommen werden. Hat eine Freundin Probleme, kann man nicht einfach sagen: „Ach, jetzt hab ich keine Zeit für dich. Ich geh' Skaten oder Tennis spielen." Genau hier muss man sich Zeit für die Freundin nehmen und seine eigenen Wünsche hintenanstellen.

Wenn wir alle mit der Ansicht durchs Leben laufen, dass sich irgendjemand schon darum kümmern wird, kommen wir nicht weit. Denn das Leben ist ein ständiges Geben und Nehmen und jeder ist froh, wenn auch auf ihn selbst Rücksicht genommen wird oder er Unterstützung erhält.

Text 2: Nur Mut

1. Grundgedanken des Textes

In dem Text geht es um die Themen Mut und Zivilcourage.
Mut ist keine angeborene Eigenschaft, sondern sie kann erlernt und in vielen Situationen im Alltag trainiert werden. Nur wer Angst hat, sie aber überwinden kann, ist mutig. Wer nicht vorher über die Gefahren nachdenkt, handelt übermütig. Mut erfordert es auch, seine eigene Meinung zu vertreten, obwohl man sich dadurch unbeliebt macht.
Eine Sonderform ist die Zivilcourage, also der Mut, anderen zu helfen, auch wenn man dafür persönliche Nachteile in Kauf nehmen muss. Das kann man nur, wenn man klare Wertvorstellungen hat und über bestimmte persönliche Eigenschaften, z.B. Einfühlungsvermögen, verfügt.

2. Fremdwörter

a) Mangel: Defizit

b) ausgleichen: kompensieren

c) deutlich aussprechen: artikulieren

d) Wagnis: Risiko

3. Überzeugungen

- ▶ nicht schlagen (keine körperliche Gewalt)
- ▶ niemanden ausgrenzen
- ▶ niemanden mobben
- ▶ gegen Willkür und für Demokratie

Lösungen: Deutsch-Prüfung 2010

4. Erkenntnisse des Textes

Für die Beantwortung dieser Frage kann man einen, zwei oder alle drei der folgenden Sätze zitieren, da nicht eindeutig ein Satz, sondern eine Textstelle verlangt wird.

Zitat: (Zeilen 62 – 69)
„Oftmals sind wir auch feige, eine Meinung zu vertreten, weil wir befürchten, uns unbeliebt zu machen. Dass Jugendliche und Erwachsene oftmals nicht den Mut aufbringen, ihre eigene Meinung zu artikulieren, liegt häufig an einer starken Bindung an die Familie, an die Kumpels oder die Clique. Loyalitätskonflikte und Isolationsängste hindern dann am mutigen kleinen Widerstand."

5. Unterschiede Mut und Übermut

Mut kann man nur zeigen, wenn man vor etwas eigentlich Angst hat, aber diese Angst dann überwindet, um ein bestimmtes Ziel zu erreichen. Deshalb war es zum Beispiel mutig, als meine Freundin sich endlich getraut hat, einen Jungen anzusprechen, der ihr schon lange gefallen hat. Sie hatte zwar Angst vor seiner Zurückweisung, aber überwand sie und tat das, was sie für richtig hielt. Übermut hat deswegen nichts mit Mut zu tun, weil man nicht an die Folgen seines Handelns denkt. Ein Beispiel dafür sind junge Autofahrer, die aus Übermut riskante Überholmanöver durchführen, um ihren Mitfahrern zu imponieren. Dass sie dabei sich und andere gefährden, ist ihnen in diesem Moment egal.

6. Antwort des Jungen

Es ist schon verständlich, dass du Angst hast. Mut heißt aber, dass du die Angst überwindest und trotzdem eingreifst und zwar mit den richtigen Mitteln. Auf gar keinen Fall musst du die Heldin spielen und dich selbst in Gefahr bringen. Du kannst es nicht allein mit einem stärkeren Gegner aufnehmen, sondern du musst immer versuchen, zusätzliche Helfer zu holen. Und das alleine erfordert schon Mut, zu sagen: „Hallo, du, im blauen Pullover, hilf mir!" Richtig wäre es auch, einen Notruf abzusetzen bzw. die Polizei anzurufen.
Ob du dich heimlich verdrücken kannst? Klar könntest du das, es wäre auf jeden Fall die einfachere und bequemere Lösung. Warum solltest gerade du einschreiten, wenn doch genügend andere auch da stehen? Aber was ist, wenn das alle Beteiligten denken? Dann kümmert sich niemand um das Opfer. Stell' dir einmal vor, du würdest von „so einem Idioten" zusammengeschlagen und alle stehen dabei und keiner hilft dir!
Ich hoffe, du und ich machen in der entscheidenden Situation das Richtige und haben genügend Mut, einzuschreiten, wenn einmal unsere Hilfe nötig ist.

Lösungen: Deutsch-Prüfung 2010

7. Inschrift Grabstein

Vier Freunde waren in der Stadt unterwegs und wurden plötzlich Zeugen einer Auseinandersetzung.
Zwei offensichtlich betrunkene junge Männer stritten sich lautstark auf der Straße mit einem Obdachlosen. Der Streit eskalierte, einer der Betrunkenen gab dem Obdachlosen einen Schubs und der Mann fiel auf den Boden. Dies war das Startzeichen für den anderen, ihn weiter zu schlagen. Immer wieder traten sie mit den Füßen, zuerst auf die Beine, dann in den Bauch und später sogar in blinder Wut auf den Kopf. Der Mann versuchte sich zu schützen, doch die Schläge waren so hart, dass er regungslos am Boden liegen blieb. Und was machten die Freunde? Nichts. Sie waren zuerst peinlich berührt von dem Streit und wollten eigentlich unbemerkt daran vorbeigehen. Später hatten sie Angst, gegen die Schläger anzutreten. Die Polizei riefen sie auch nicht, weil jeder dachte: „Was geht mich das an? Sollen doch die anderen!" So starb der Mann. Gemeinsam wären sie ganz schön stark gewesen und hätten ihm das Leben retten können.

8. Selbstbewußtsein

Es stimmt, dass man sich mit einer eigenen Meinung manchmal unbeliebt machen kann.
Das habe ich selbst erfahren, als eine neue Mitschülerin in meine Klasse kam. Sie war ziemlich dick und auch nicht besonders gut angezogen, aber sie wirkte eigentlich ganz nett. Doch die anderen Mädchen aus der Klasse fingen gleich an zu lästern und über sie herzuziehen. Aber ich wollte nicht mitmachen, weil ich es einfach unfair finde, jemanden nur nach seinem Äußeren zu beurteilen. Da bezeichneten sie mich als langweilig und als Spaßverderberin. Doch das machte mir nichts aus, weil ich wusste, dass ich richtig gehandelt hatte.
Ein anderes Beispiel hat Sven, ein Bekannter von mir, erlebt. Auf einer Party wurde als Mutprobe eine Art Wetttrinken veranstaltet. Wer am schnellsten die Wodkaflasche austrinken könnte, wäre der Gewinner. Alle stimmten lautstark dem Vorschlag zu, nur Sven blieb zuerst ruhig. Er wusste, wie gefährlich eine solche Wette war, aber er wollte den anderen auch nicht die Stimmung verderben und sich dadurch unbeliebt machen. Er entschied sich dennoch, nicht mitzumachen und versuchte auch die anderen davon zu überzeugen, dass diese Mutprobe unsinnig und viel zu riskant wäre. Da lachten sie ihn aus und meinten, er wäre ein Feigling. Sven blieb aber stur bei seiner Meinung und konnte so wenigstens einige andere auf der Party davon abhalten, an dem Wetttrinken teilzunehmen.
Ich glaube, man traut sich nur dann, seine eigene Meinung zu vertreten, wenn man ganz von dem überzeugt ist, was man sagt. Dann ist es auch nicht mehr so schlimm, wenn man sich damit unbeliebt macht.

Weitere Aufgaben + Lösungen:
www.pauker24.de

Lösungen: Mathe-Training

1. Gleichungen – Umstellen von Formeln

Aufgabe 1

a) $4x - (2x - 1) = -(-2 + 15x)$ Beim Auflösen einer Minusklammer ändern sich die Vorzeichen
$4x - 2x + 1 = 2 - 15x$
$2x + 1 = 2 - 15x$ | + 15x
$17x + 1 = 2$ | – 1
$17x = 1$ | : 17
$x = \dfrac{1}{17}$

b) $2{,}8 - 3 \cdot 2{,}6x + 12{,}1 - x = 6 \cdot 5{,}2 - 3{,}4x - 0{,}1$
$2{,}8 - 7{,}8x + 12{,}1 - x = 31{,}2 - 3{,}4x - 0{,}1$ ⎫ Vereinfachen
$-8{,}8x + 14{,}9 = 31{,}1 - 3{,}4x$ | + 3,4x ⎬ Zusammenfassen
$-5{,}4x + 14{,}9 = 31{,}1$ | – 14,9   auf beiden Seiten: + 3,4x
$-5{,}4x = 16{,}2$ | : (-5,4)   auf beiden Seiten: – 14,9
$x = -3$ auf beiden Seiten: (-5,4)

Aufgabe 2

$x \cdot 5 + 4 + 3x = 84 - 2x$ Es muss heißen:
$\underline{9x} + 3x = 84 - 2x$ $5x + 4 + 3x = 84 - 2x$
$8x + 4 = 84 - 2x$ | + 2x
$10x + 4 = 84$ | – 4
$10x = 80$ | : 10
$x = 8$

Aufgabe 3

$(24x - 320) : 4 - 8x \cdot 12 = (20x + 22) : 2 - 1$
$6x - 80 - 96x = 10x + 11 - 1$
$-90x - 80 = 10x + 10$ | – 10x
$-100x - 80 = 10$ | + 80
$-100x = 90$ | : (-100)
$x = -\dfrac{9}{10}$
oder $x = -0{,}9$

◢ Lösungen: Mathe-Training

Aufgabe 4

$$\frac{3 \cdot (x-4)}{5} + \frac{7 \cdot (6-2x)}{10} = \frac{5 \cdot (-3x+1)}{2} + 6$$

$$\frac{10 \cdot 3(x-4)}{5} + \frac{10 \cdot 7(6-2x)}{10} = \frac{10 \cdot 5(-3x+1)}{2} + 10 \cdot 6 \quad \text{Mit dem HN = 10 multiplizieren}$$

$$6(x-4) + 7(6-2x) = 25(-3x+1) + 60 \quad \text{Kürzen}$$

$$6x - 24 + 42 - 14x = -75x + 25 + 60 \quad \text{Klammern auflösen}$$

$$-8x + 18 = -75x + 85 \quad | +75x \quad \text{Zusammenfassen}$$

$$67x + 18 = 85 \quad | -18$$

$$67x = 67 \quad | :67$$

$$x = 1$$

Aufgabe 5

$$\frac{14x-12}{3} - \frac{5(x-5)}{6} - 3 = \frac{x-1}{2} - \frac{1{,}5(18x+60)}{4}$$

$$\frac{24(14x-12)}{3} - \frac{24 \cdot 5(x-5)}{6} - 24 \cdot 3 = \frac{24(x-1)}{2} - \frac{24 \cdot 1{,}5(18x+60)}{4} \quad \text{Mit dem HN = 24 multiplizieren}$$

$$8(14x-12) - 20(x-5) - 72 = 12(x-1) - 9(18x+60) \quad \text{Kürzen}$$

$$112x - 96 - 20x + 100 - 72 = 12x - 12 - 162x - 540 \quad \text{Klammern auflösen}$$

$$92x - 68 = -150x - 552 \quad | +150x$$

$$242x - 68 = -552 \quad | +68$$

$$242x = -484 \quad | :242$$

$$x = -2$$

Aufgabe 6

a) $A = \frac{1}{2} e \cdot f \quad | \cdot 2$

$2 \cdot A = e \cdot f \quad | :f$

$e = \frac{2 \cdot A}{f}$

b) $V = \frac{1}{3} r^2 \pi \cdot h \quad | \cdot 3 \qquad\qquad V = \frac{1}{3} r^2 \pi \cdot h \quad | \cdot 3$

$3 \cdot V = r^2 \pi \cdot h \quad | :(r^2\pi) \qquad 3 \cdot V = r^2 \pi \cdot h \quad | :(\pi h)$

$h = \frac{3 \cdot V}{r^2 \pi} \qquad\qquad\qquad \frac{3 \cdot V}{\pi h} = r^2 \quad | \sqrt{}$

$\qquad\qquad\qquad\qquad\qquad r = \sqrt{\frac{3 \cdot V}{h\pi}}$

c) $A = \frac{a+c}{2} \cdot h \quad | \cdot 2 \qquad\qquad A = \frac{a+c}{2} \cdot h \quad | \cdot 2$

$2 \cdot A = (a+c) \cdot h \quad | :(a+c) \qquad 2 \cdot A = (a+c) \cdot h \quad | :h$

$h = \frac{2 \cdot A}{a+c} \qquad\qquad\qquad \frac{2 \cdot A}{h} = a + c \quad | -a$

$\qquad\qquad\qquad\qquad\qquad c = \frac{2 \cdot A}{h} - a$

d) $\quad Z = \dfrac{K \cdot p \cdot t}{100 \cdot 360} \qquad |\cdot (100 \cdot 360)$

$\quad 100 \cdot 360 \cdot Z = K \cdot p \cdot t \qquad |:(p \cdot t)$

$\quad K = \dfrac{360 \cdot 100 \cdot Z}{p \cdot t}$

e) $\quad A = \dfrac{\alpha}{360°} r^2 \pi \qquad |\cdot 360° \qquad\qquad A = \dfrac{\alpha}{360°} r^2 \pi \qquad |\cdot 360°$

$\quad 360° \cdot A = \alpha \cdot r^2 \pi \qquad |:(r^2 \pi) \qquad 360° \cdot A = \alpha \cdot r^2 \pi \qquad |:(\alpha \pi)$

$\quad \alpha = \dfrac{360° \cdot A}{r^2 \pi} \qquad\qquad\qquad\qquad r^2 = \dfrac{360° \cdot A}{\alpha \cdot \pi} \qquad |\sqrt{}$

$\qquad\qquad\qquad\qquad\qquad\qquad\qquad\qquad r = \sqrt{\dfrac{360° \cdot A}{\alpha \cdot \pi}}$

f) $\quad K_n = K_0 \left(1 + \dfrac{p}{100}\right)^3 \qquad |:K_0$

$\quad \dfrac{K_n}{K_0} = \left(1 + \dfrac{p}{100}\right)^3 \qquad |\sqrt[3]{}$

$\quad \sqrt[3]{\dfrac{K_n}{K_0}} = 1 + \dfrac{p}{100} \qquad |-1$

$\quad \sqrt[3]{\dfrac{K_n}{K_0}} - 1 = \dfrac{p}{100} \qquad |\cdot 100$

$\quad p = 100 \cdot \sqrt[3]{\dfrac{K_n}{K_0}} - 100$

2. Prozent- und Promillerechnung

Aufgabe 1

a) $\boxed{PW = \dfrac{GW \cdot p}{100}}$ $\Rightarrow$ $PW = \dfrac{240\ \euro \cdot 2{,}5}{100}$

$PW = 6\ \euro$

b) $\boxed{p = \dfrac{PW \cdot 100}{GW}}$ $\Rightarrow$ $p = \dfrac{120\ l \cdot 100}{800\ l}$

$p = 15$

c) $\boxed{GW = \dfrac{PW \cdot 100}{p}}$ $\Rightarrow$ $GW = \dfrac{45\ m^2 \cdot 100}{3}$

$GW = 1500\ m^2$

Aufgabe 2

1. Schritt:
Berechnung des Preises bei Einzelkauf.

Stifte: 15 · 0,35 € = 5,25 €
Hefte: 12 · 0,60 € = 7,20 €
                    ─────────
                    12,45 € bei Einzelkauf

2. Schritt:
Berechnung des Preises bei Kauf „im Pack".

Stifte:
12% Nachlass $\Rightarrow$
88% Verkaufspreis

100% $\triangleq$ 5,25 €

88% $\triangleq \dfrac{5{,}25 \cdot 88}{100}$ €

= 4,62 €

Hefte:
8% Nachlass $\Rightarrow$
92% Verkaufspreis

100% $\triangleq$ 7,20 €

92% $\triangleq \dfrac{7{,}20 \cdot 92}{100}$ €

= 6,62 €

4,62 € + 4,62 € = 11,24 €

3. Schritt:
Berechnung der Ersparnis.

12,45 € − 11,24 € = 1,21 €

Stefan kann bei Kauf „im Pack" 1,21 € sparen.

Aufgabe 3

1. Schritt:
Berechnung des Nettopreises.

I. Möglichkeit

119% ≙ 21 500 €

1% ≙ $\frac{21\,500}{119}$ €

100% ≙ $\frac{21\,500 \cdot 100}{119}$ €

= 18 067,23 €

II. Möglichkeit

$GW = \frac{PW \cdot 100}{119}$

$GW = \frac{21\,500\,€ \cdot 100}{119}$

GW = 18 067,23 €

2. Schritt:
Berechnung des Verlustes.

I. Möglichkeit

Weil der Verlust 12% beträgt, entspricht der Betrag von 18 067,23 € nur 88% des ursprünglichen Preises.

88% ≙ 18 067,23 €

100% ≙ $\frac{18\,067{,}23 \cdot 100}{88}$ €

= 20 530,94 €

Verlust: 20 530,94 € − 18 067,23 € = 2463,71 €

II. Möglichkeit

Man kann den Verlustbetrag auch direkt berechnen.

88% ≙ 18 067,23 €

12% ≙ $\frac{18\,067{,}23\,€ \cdot 12}{88}$

= 2463,71 €

Der Autohändler hat einen Verlust von 2463,71 €.

Lösungen: Mathe-Training

Aufgabe 4

I. Möglichkeit

Berechnung des Jahresbeitrags bei der Versicherung A.

1000‰ ≙ 50 000 €

$\quad$ 1‰ ≙ $\dfrac{50\ 000\ €}{1000}$

0,06‰ = $\dfrac{50\ 000\ € \cdot 0{,}06}{1000}$

$\qquad$ = 3 € monatlich

Im Jahr: 12 · 3 € = 36 €

Versicherung A ist 4 € preiswerter als Versicherung B.

II. Möglichkeit

Berechnung des monatlichen Promillesatzes bei Versicherung B.

50 000 € ≙ 1000‰ $\qquad\qquad$ 40 € : 12 = 3,33 €

$\quad$ 1 € ≙ $\dfrac{1000‰}{50\ 000}$

$\;$ 3,33 € ≙ $\dfrac{1000‰ \cdot 3{,}33}{50\ 000}$

$\qquad\quad$ = 0,0666‰

0,06‰ < 0,0666‰

Der monatliche Promillesatz bei Versicherung A ist niedriger als bei Versicherung B.
⇒ Herr Müller wird sich für die Versicherung A entscheiden.

Aufgabe 5

1. Schritt:
Berechnung des Gesamtpreises bei Händler A.

30% von 7250 € = $\dfrac{30}{100}$ · 7250 € = 2175 €

18 Monatsraten zu je 300 € = 18 · 300 € = 5400 €

Gesamtkosten Händler A: $\qquad$ 2175 €
$\qquad\qquad\qquad\qquad\qquad\;$ + 5400 €
$\qquad\qquad\qquad\qquad\qquad\;\;\;$ 7575 €

2. Schritt:
Berechnung des Gesamtpreises bei Händler B.

40% von 7250 € = $\dfrac{40}{100}$ · 7250 € = 2900 €

24 Monatsraten zu je 190 € = 24 · 190 € = 4560 €

Gesamtkosten Händler B: $\qquad$ 2900 €
$\qquad\qquad\qquad\qquad\qquad\;$ + 4560 €
$\qquad\qquad\qquad\qquad\qquad\;\;\;$ 7460 €

3. Schritt:
Berechnung der Preisdifferenz.

7575 € − 7460 € = 115 €

Ralph wird sich für den Händler B entscheiden, weil das Angebot 115 € preiswerter ist.

Aufgabe 6

Man muss schrittweise rückwärts rechnen, wobei stets der neue Grundwert berechnet wird.

119 % ≙ 420 € (Endpreis)

100 % ≙ $\frac{420\ €\ \cdot\ 100}{119}$ = 352,94 € (Verkaufspreis)

122 % ≙ 352,94 €

100 % ≙ $\frac{352,94\ €\ \cdot\ 100}{122}$ = 289,30 € (Selbstkostenpreis)

112 % ≙ 289,30 €

100 % ≙ $\frac{289,30\ €\ \cdot\ 100}{112}$ = 258,30 € (Einkaufspreis)

Der Einkaufspreis beträgt 258,30 €.

Probe
258,30 € + 12 % = 289,30 €
289,30 € + 22 % = 352,95 €
352,95 € + 19 % = 420,01 €

◢ Lösungen: Mathe-Training

3. Zinsrechnung

Aufgabe 1

a) $\boxed{Z = \dfrac{K \cdot p \cdot m}{100 \cdot 12}}$ $\Rightarrow$ $Z = \dfrac{4000\ € \cdot 2{,}8 \cdot 4}{100 \cdot 12}$

$Z = 37{,}33\ €$

b) $\boxed{Z = \dfrac{K \cdot p \cdot n}{100}}$ $\Rightarrow$ $Z = \dfrac{12\,500\ € \cdot 3{,}2 \cdot 1}{100}$

$Z = 400\ €$

c) $\boxed{Z = \dfrac{K \cdot p \cdot t}{100 \cdot 360}}$ $\Rightarrow$ $Z = \dfrac{8600\ € \cdot 3{,}5 \cdot 178}{100 \cdot 360}$

$Z = 148{,}83\ €$

Aufgabe 2

Die Zinsformel muss umgestellt werden.

$Z = \dfrac{K \cdot p \cdot m}{100 \cdot 12}$ | · (100 · 12)

$Z \cdot 100 \cdot 12 = K \cdot p \cdot m$ | : (p · m)

$K = \dfrac{Z \cdot 100 \cdot 12}{p \cdot m}$

$K = \dfrac{98\ € \cdot 100 \cdot 12}{3 \cdot 8}$

$K = 4900\ €$

Herr Kaiser hatte 4900 €.

Aufgabe 3

Die Zinsformel muss umgestellt werden.

$Z = \dfrac{K \cdot p \cdot t}{100 \cdot 360}$ | · (100 · 360)

$Z \cdot 100 \cdot 360 = K \cdot p \cdot t$ | : (K · t)

$p = \dfrac{Z \cdot 100 \cdot 360}{K \cdot t}$

$p = \dfrac{320\ € \cdot 100 \cdot 360}{40\,000\ € \cdot 120}$

$p = 2{,}4$

Familie Glück erhielt 2,4% Zinsen.

Lösungen: Mathe-Training

Aufgabe 4

I. Möglichkeit (schrittweise berechnen)

$p = 3 \Rightarrow q = 1{,}03$
$K_1 = 5000\ € \cdot 1{,}03 = 5150\ €$
$K_2 = 5150\ € \cdot 1{,}03 = 5304{,}50\ €$
$K_3 = 5304{,}50\ € \cdot 1{,}03 = 5463{,}64\ €$
$K_4 = 5463{,}64\ € \cdot 1{,}03 = 5627{,}55\ €$
$K_5 = 5627{,}55\ € \cdot 1{,}03 = 5796{,}38\ €$

II. Möglichkeit (Berechnung mit einem Schritt)

$n = 5, \quad q = 1{,}03, \quad K_0 = 5000\ €$

Formel: $K_n = K_0 \cdot q^n$

$\Rightarrow K_5 = 5000\ € \cdot 1{,}03^5$
$K_5 = 5796{,}37\ €$

Nach 5 Jahren sind 5796,37 € auf dem Konto.

Aufgabe 5

1. Schritt:
Berechnung des Kreditbetrages.

$\frac{3}{8}$ von 40 000 € = 15 000 €

2. Schritt:
Berechnung der Kosten des Angebotes A.

I. Möglichkeit (mit dem Taschenrechner)

8,1% von 15 000 € = 1215 €

II. Möglichkeit (mit der Formel)

$Z = \dfrac{15\,000\ € \cdot 8{,}1 \cdot 1}{100}$

$Z = 1215\ €$

III. Möglichkeit (mit dem Dreisatz)

100% ≙ 15 000 €

1% ≙ $\dfrac{15\,000}{100}$ € = 150 €

8,1% ≙ 150 € · 8,1 = 1215 €

Kosten:
Bearbeitungsgebühr: 90 €
Darlehenszinsen   1215 €
                              1305 €

Lösungen: Mathe-Training

3. Schritt:
Berechnung der Kosten des Angebotes B.

$$Z = \frac{15\,000\;€ \cdot 8}{100}$$

$Z = 1200\;€$

Bearbeitungsgebühr 0,8% von 15 000 € = 120 €

$$\begin{array}{r} 1200\;€ \\ +\;120\;€ \\ \hline \end{array}$$
Kosten: 1320 €

4. Schritt:
Kostenvergleich.

1320 € – 1305 € = 15 €

Das Angebot B ist 15 € billiger.

Aufgabe 6

Kreditbetrag: 22 000 € ①

Berechnung der Bearbeitungsgebühr:
2% von 22 000 € = 440 € ②   Durch direkte Taschenrechnereingabe

Berechnung der monatlichen Zinsen:
0,55% von 22 000 € = 121 €

Berechnung der Zinsen für 48 Monate:
48 · 121 € = 5808 € ③

Berechnung der Monatsrate:

$$\text{Monatsrate} = \frac{\overset{①}{22\,000\;€} + \overset{②}{440\;€} + \overset{③}{5808\;€}}{48}$$

Monatsrate = 588,50 €

Familie Wolf muss monatlich 588,50 € bezahlen.

4. Berechnungen an Flächen

Aufgabe 1

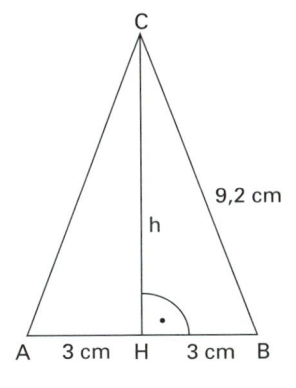

1. Schritt:
Berechnung der Länge der Höhe h. Der Höhenfußpunkt H liegt in der Mitte der Strecke [AB]
$\Rightarrow \overline{AH} = \overline{BH} = 3$ cm
Die Höhe h wird mit dem Satz des Pythagoras berechnet.
Formel:

$$a^2 + b^2 = c^2$$

$h^2 + (3 \text{ cm})^2 = (9{,}2 \text{ cm})^2$
$\phantom{h^2 + (3 \text{ cm})^2 }h^2 = (9{,}2 \text{ cm})^2 - (3 \text{ cm})^2$
$\phantom{h^2 + (3 \text{ cm})^2 }h^2 = 75{,}64 \text{ cm}^2$
$\phantom{h^2 + (3 \text{ cm})^2 \,}h = 8{,}7 \text{ cm}$

2. Schritt:
Berechnung des Flächeninhalts.
Formel:

$$A = \frac{1}{2} g \cdot h$$

g = 6 cm, h = 8,7 cm $\Rightarrow$ $A = \frac{1}{2} \cdot 6 \text{ cm} \cdot 8{,}7 \text{ cm}$
$\phantom{g = 6 \text{ cm}, h = 8{,}7 \text{ cm} \Rightarrow }A = 26{,}1 \text{ cm}^2$

Aufgabe 2

Die Figur setzt sich aus einem Rechteck und einem Dreieck zusammen, abzüglich einem Halbkreis.

Gesamtansatz: $A = A_R + A_\triangle - A_{\text{Halbkreis}}$

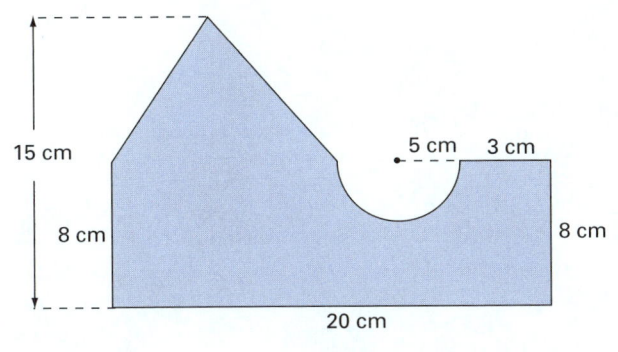

Lösungen: Mathe-Training

1. Schritt:
Berechnung des Flächeninhalts des Rechtecks.
Formel:

$$A_R = a \cdot b$$

$A_R = 20 \text{ cm} \cdot 8 \text{ cm}$
$A_R = 160 \text{ cm}^2$

2. Schritt:
Berechnung des Flächeninhalts des Dreiecks.
Formel:

$$A_\triangle = \frac{1}{2} \cdot g \cdot h$$

$A_\triangle = \frac{1}{2} \cdot 7 \text{ cm} \cdot 7 \text{ cm}$
$A_\triangle = 24{,}5 \text{ cm}^2$

Berechnung von g:
$g = 20 \text{ cm} - 3 \text{ cm} - 2 \cdot 5 \text{ cm}$
$g = 7 \text{ cm}$

Berechnung von h:
$h = 15 \text{ cm} - 8 \text{ cm}$
$h = 7 \text{ cm}$

3. Schritt:
Berechnung des Flächeninhalts des Halbkreises.
Formel:

$$A_{HK} = \frac{1}{2} \cdot r^2 \cdot \pi$$

$A_{HK} = \frac{1}{2} \cdot (5 \text{ cm})^2 \cdot \pi$
$A_{HK} = 39{,}27 \text{ cm}^2$

4. Schritt:
Berechnung des Flächeninhalts der Gesamtfigur:

$A = 160 \text{ cm}^2 + 24{,}5 \text{ cm}^2 - 39{,}27 \text{ cm}^2$
$A = 145{,}23 \text{ cm}^2$

Die Figur hat einen Flächeninhalt von $145{,}23 \text{ cm}^2$.

Lösungen: Mathe-Training

Aufgabe 3

Berechnung des Flächeninhalts:

Gesamtansatz: $A = A_{Dreieck} - A_{Viertelkreis}$
$A = A_{\triangle} - A_{VK}$

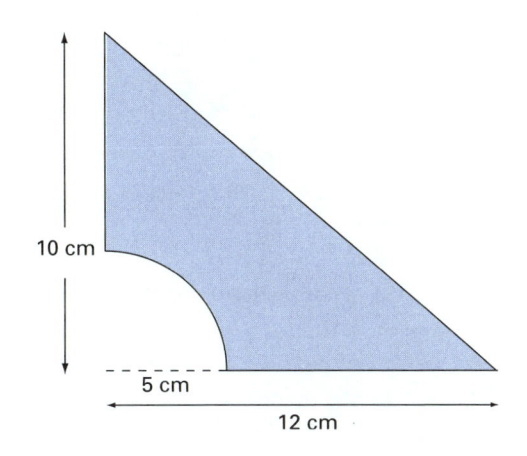

1. Schritt:
Berechnung von $A_{\triangle}$:

Das Dreieck ist rechtwinklig, also können die beiden Katheten als Grundlinie g und Höhe h betrachtet werden.

$A = \frac{1}{2} \cdot g \cdot h$

$A = \frac{1}{2} \cdot 12 \text{ cm} \cdot 10 \text{ cm}$

$A = 60 \text{ cm}^2$

2. Schritt:
Berechnung von A_{VK}.
Formel:

$A_{VK} = \frac{1}{4} \cdot r^2 \cdot \pi$

$r = 5 \text{ cm} \Rightarrow A_{VK} = \frac{1}{4} (5 \text{ cm})^2 \pi$
$A_{VK} = 19{,}63 \text{ cm}^2$

3. Schritt:
Berechnung des Flächeninhalts A:

$A = 60 \text{ cm}^2 - 19{,}63 \text{ cm}^2$
$A = 40{,}37 \text{ cm}^2$

Die Figur hat einen Flächeninhalt von $40{,}37 \text{ cm}^2$.

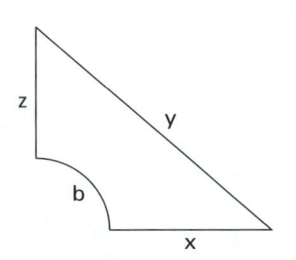

Berechnung des Umfangs u:
Der Umfang u ist die Summe der Begrenzungslinien.
$u = x + y + z + b$

Lösungen: Mathe-Training

y wird mit dem Satz des Pythagoras berechnet:

$y^2 = (12 \text{ cm})^2 + (10 \text{ cm})^2$
$y^2 = 244 \text{ cm}^2$
$y\ = 15{,}62 \text{ cm}$

$x = 12 \text{ cm} - 5 \text{ cm}$ $\qquad z = 10 \text{ cm} - 5 \text{ cm}$
$x = 7 \text{ cm}$ $\qquad\qquad\quad\ z = 5 \text{ cm}$

b ist die Bogenlänge eines Viertelkreises (4. Teil des Kreisumfangs $u = 2\ r\pi$)

$\Rightarrow\quad b = \frac{1}{4} \cdot 2\ r\pi$

$\qquad b = \frac{1}{4} \cdot 2 \cdot 5 \text{ cm} \cdot \pi$

$\qquad b = 7{,}85 \text{ cm}$

$u = 7 \text{ cm} + 5 \text{ cm} + 15{,}62 \text{ cm} + 7{,}85 \text{ cm}$
$u = 35{,}47 \text{ cm}$

Der Umfang der Figur beträgt 35,47 cm.

Aufgabe 4

1. Schritt:
Berechnung des Flächeninhalts von Feld A.
Dazu muss die Länge der zweiten Kathete
mit dem Satz des Pythagoras berechnet werden.

$x^2 + (84 \text{ m})^2 = (92 \text{ m})^2$
$\qquad\quad x^2 = (92 \text{ m})^2 - (84 \text{ m})^2$
$\qquad\quad x^2 = 1408 \text{ m}^2$
$\qquad\quad x = 37{,}52 \text{ m}$

Jetzt kann der Flächeninhalt berechnet werden:

$A = \frac{1}{2} \cdot 84 \text{ m} \cdot 37{,}52 \text{ m}$

$A = 1575{,}84 \text{ m}^2$ \quad (Feld A)

2. Schritt:
Berechnung des Flächeninhalts von Feld B.

$A_{\text{Feld B}} = A_{\text{Feld A}} \Rightarrow A_{\text{Feld B}} = 1575{,}84 \text{ m}^2$

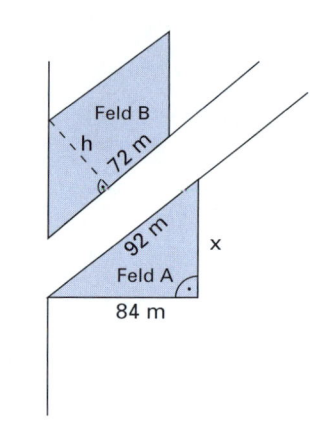

3. Schritt:
Berechnung der Höhe h.

$$A = g \cdot h \quad \text{Flächeninhalt eines Parallelogramms}$$

Diese Formel muss nach h aufgelöst werden:

$h = \dfrac{A}{g}$ $\quad$ $A = 1575{,}84 \text{ m}^2 \quad g = 72 \text{ m}$

$h = \dfrac{1575{,}84 \text{ m}^2}{72 \text{ m}}$

$h = 21{,}89 \text{ m}$

Das Feld B ist 21,89 m breit.

Aufgabe 5

Berechnung des Umfangs u.

1. Schritt:
Berechnung der Radien r_1 und r_2.
b_1 ist die Bogenlänge eines Halbkreises.
Formel:

$$b_{HK} = \tfrac{1}{2} \cdot 2r \cdot 3{,}14$$

$b_1 = \tfrac{1}{2} \cdot 2r_1 \cdot 3{,}14$

$b_1 = r_1 \cdot 3{,}14$

$25{,}12 \text{ cm} = r_1 \cdot 3{,}14 \qquad |:3{,}14$

$\qquad r_1 = 8 \text{ cm} \quad \Rightarrow \quad r_2 = 4 \text{ cm}$

2. Schritt:
Berechnung der Bogenlänge b_2.

$b_2 = \tfrac{1}{2} \cdot 2 \cdot 4 \text{ cm} \cdot 3{,}14$

$b_2 = 12{,}56 \text{ cm}$

3. Schritt:
Berechnung des Umfangs u der Figur.

$u = b_1 + 2 \cdot b_2$
$u = 25{,}12 \text{ cm} + 2 \cdot 12{,}56 \text{ cm}$
$u = 50{,}24 \text{ cm}$

Die Figur hat einen Umfang von 50,24 cm.

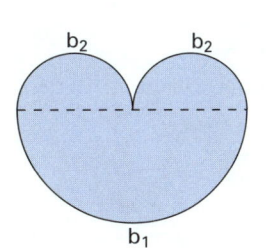

Berechnung des Flächeninhalts:

Gesamtansatz: $\quad A = A_{\text{Halbkreis 1}} + 2 \cdot A_{\text{Halbkreis 2}}$
$\qquad\qquad\qquad A = A_{HK\,1} + 2 \cdot A_{HK2}$

Lösungen: Mathe-Training

1. Schritt:
Berechnung des Flächeninhalts der Halbkreise:

$A_{HK1} = \frac{1}{2} \cdot (8\text{ cm})^2 \cdot 3{,}14$ $\qquad$ $A_{HK2} = \frac{1}{2} \cdot (4\text{ cm})^2 \cdot 3{,}14$

$A_{HK1} = 100{,}48\text{ cm}^2$ $\qquad$ $A_{HK2} = 25{,}12\text{ cm}^2$

2. Schritt:
Berechnung des Flächeninhalts der Figur:

$A = 100{,}48\text{ cm}^2 + 2 \cdot 25{,}12\text{ cm}^2$
$A = 150{,}72\text{ cm}^2$

Die Figur hat einen Flächeninhalt von 150,72 cm².

Aufgabe 6

1. Schritt:
Berechnung der Höhe h = $\overline{AD}$ des Trapezes.
Formel:

$$A = \frac{g_1 + g_2}{2} \cdot h$$

Diese Formel muss nach h aufgelöst werden:

$A = \frac{g_1 + g_2}{2} \cdot h$ $\qquad$ | · 2

$2A = (g_1 + g_2) \cdot h$ $\qquad$ | : $(g_1 + g_2)$

$\frac{2 \cdot A}{g_1 + g_2} = h$ $\qquad$ $g_1 = 12\text{ cm}$
$\qquad\qquad\qquad\qquad$ $g_2 = 8\text{ cm}$
$\qquad\qquad\qquad\qquad$ $A = 150\text{ cm}^2$

$h = \frac{2 \cdot 15\text{ cm}^2}{12\text{ cm} + 8\text{ cm}}$

$h = 1{,}5\text{ cm}$

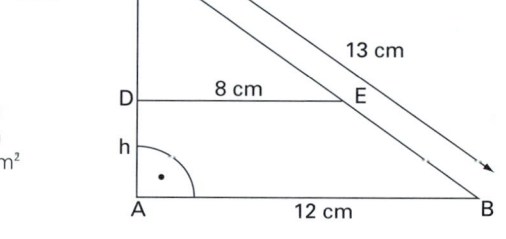

2. Schritt:
Berechnung von $\overline{AC}$.
Nach dem Satz des Pythagoras gilt:

$\overline{AC}^2 + \overline{AB}^2 = \overline{BC}^2$ $\qquad$ | $- \overline{AB}^2$
$\phantom{\overline{AC}^2 + }\overline{AC}^2 = \overline{BC}^2 - \overline{AB}^2$
$\phantom{\overline{AC}^2 + }\overline{AC}^2 = (13\text{ cm})^2 - (12\text{ cm})^2$
$\phantom{\overline{AC}^2 + }\overline{AC} = 5\text{ cm}$

3. Schritt:
Berechnung von $\overline{DC}$.

$\overline{DC} = \overline{AC} - \overline{AD}$
$\overline{DC} = 5\text{ cm} - 1{,}5\text{ cm}$
$\overline{DC} = 3{,}5\text{ cm}$

5. Berechnungen an Körpern

Aufgabe 1

1. Schritt:
Berechnung des Zylindervolumens:

$\boxed{V_Z = r^2 \pi \cdot h}$ $r = 4$ cm, $h = 10$ cm $\Rightarrow$ $V_Z = (4 \text{ cm})^2 \cdot \pi \cdot 10$ cm
$V_Z = 502{,}65 \text{ cm}^3$

2. Schritt:
Berechnung des Kegelvolumens:

$\boxed{V_{Ke} = \frac{1}{3} r^2 \pi \cdot h}$ $r = 4$ cm, $h = 5$ cm $\Rightarrow$ $V_{Ke} = \frac{1}{3}(4 \text{ cm})^2 \cdot \pi \cdot 5$ cm
$V_{Ke} = 83{,}78 \text{ cm}^3$

3. Schritt:
Berechnung des Abfalls:

$V_{Abfall} = V_Z - 2 \cdot V_{Ke}$

$V_{Abfall} = 502{,}65 \text{ cm}^3 - 2 \cdot 83{,}78 \text{ cm}^3$

$V_{Abfall} = 335{,}09 \text{ cm}^3$

Es entstehen 335,09 cm³ Abfall.

Aufgabe 2

Querschnitt des Holzstabes:

1. Schritt:
Berechnung von r.
Pythagoras:

$\boxed{a^2 + b^2 = c^2}$

$r^2 + r^2 = (3{,}67 \text{ cm})^2$
$2r^2 = 13{,}47 \text{ cm}^2$ $| : 2$
$r^2 = 6{,}74 \text{ cm}^2$ $| \sqrt{}$
$r = 2{,}6$ cm

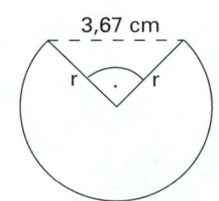

Lösungen: Mathe-Training

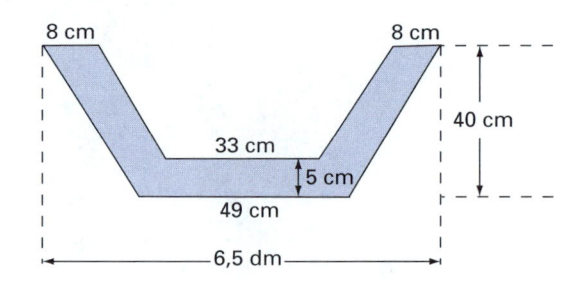

2. Schritt:
Berechnung des Flächeninhalts der Querschnittsfläche.

I. Möglichkeit

$A = A_{Kreis} - A_{Viertelkreis}$

$A_{Kreis} = (2,6 \text{ cm})^2 \cdot \pi$

$A_{Kreis} = 21,24 \text{ cm}^2$

$A_{VK} = \frac{1}{4} \cdot (2,6 \text{ cm})^2 \cdot \pi$

$A_{VK} = 5,31 \text{ cm}^2$

$A = 21,24 \text{ cm}^2 - 5,31 \text{ cm}^2$
$A = 15,93 \text{ cm}^2$

II. Möglichkeit

Formel:

$$A_s = \frac{\alpha}{360°} \cdot r^2 \cdot \pi$$

$\alpha = 360° - 90°$
$\alpha = 270°$

$A_s = \frac{270°}{360°} \cdot (2,6 \text{ cm})^2 \cdot \pi$

$A_s = 15,93 \text{ cm}^2$

3. Schritt:
Berechnung des Volumens.

$$V = A \cdot h$$

$A = 15,93 \text{ cm}^2 \Rightarrow V = 15,93 \text{ cm}^2 \cdot 200 \text{ cm}$
$h = 200 \text{ cm} \quad\quad\quad V = 3186 \text{ cm}^3$

4. Schritt:
Berechnung der Masse.

$$m = \rho \cdot V$$

$m = 3186 \text{ cm}^3 \cdot 0,73 \frac{g}{cm^3}$

$1 \text{ kg} = 1000 \text{ g}$

$m = 2325,78 \text{ g}$ ⎞ : 1000
$m = 2,33 \text{ kg}$ ⎠

Der Holzstab ist 2,33 kg schwer.

Aufgabe 3

6,5 dm = 65 cm

Lösungen: Mathe-Training

1. Schritt:
Berechnung des Inhalts der Querschnittsfläche.

$A = A_{Trapez\,1} - A_{Trapez\,2}$

$$A_{Tr} = \frac{a + c}{2} \cdot h$$

Trapez 1
a = 65 cm
c = 49 cm
h = 40 cm

Trapez 2
a = 65 cm − 2 · 8 cm = 49 cm
c = 33 cm
h = 35 cm

$A_{Tr.1} = \frac{65\,cm + 49\,cm}{2} \cdot 40\,cm$

$A_{Tr.1} = 2280\,cm^2$

$A_{Tr.2} = \frac{49\,cm + 33\,cm}{2} \cdot 35\,cm$

$A_{Tr.2} = 1435\,cm^2$

$A = 2280\,cm^2 - 1435\,cm^2$
$A = 845\,cm^2$

2. Schritt:
Berechnung des Volumens der Betonrinne.

$V = 845\,cm^2 \cdot 80\,cm$
$V = 67\,600\,cm^3$

3. Schritt:
Berechnung der Masse.

$$m = \rho \cdot V$$

$m = 2{,}1\,\frac{g}{cm^3} \cdot 67\,600\,cm^3$
$m = 141\,960\,g \quad):1000$
$m = 141{,}96\,kg$

Eine Betonrinne ist 141,96 kg schwer.

4. Schritt:
Überprüfung der Ladekapazität.

1 Betonrinne wiegt 141,96 kg
12 Betonrinnen wiegen 141,96 kg · 12 = 1703,52 kg

$$1\,t = 1000\,kg \quad \Rightarrow \quad 1703{,}52\,kg = 1{,}7\,t$$

1,7 t > 1,5 t

Der Kleintransporter kann nicht alle 12 Betonrinnen transportieren.

Lösungen: Mathe-Training

Aufgabe 4

a) **1. Schritt:**
Berechnung von Radius r und Höhe h.

h = 2r

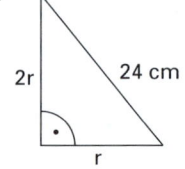

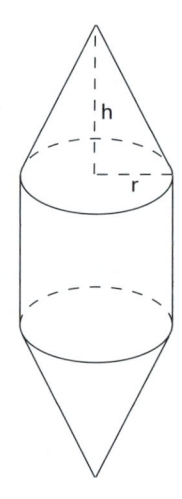

Nach dem Satz des Pythagoras gilt:

$r^2 + (2r)^2 = (24 \text{ cm})^2$
$\quad 5r^2 = 576 \text{ cm}^2 \qquad | : 5$
$\quad\, r^2 = 115{,}2 \text{ cm}^2$
$\quad\,\, r = 10{,}73 \text{ cm} \quad \Rightarrow \quad h = 21{,}46 \text{ cm}$

2. Schritt:
Berechnung des Volumens.

$V = V_Z + 2 \cdot V_{Ke}$

Kegel
r = 10,73 cm   h = 21,46 cm

$$V_K = \frac{1}{3} r^2 \pi \cdot h$$

$V_K = \frac{1}{3} \cdot (10{,}73 \text{ cm})^2 \cdot \pi \cdot 21{,}46 \text{ cm}$
$V_K = 2587{,}37 \text{ cm}^3$

Zylinder
r = 10,73 cm   h = 21,46 cm

$$V_Z = r^2 \pi \cdot h$$

$V_Z = (10{,}73 \text{ cm})^2 \, \pi \cdot 21{,}46 \text{ cm}$
$V_Z = 7762{,}10 \text{ cm}^3$

$V = 7762{,}10 \text{ cm}^3 + 2 \cdot 2587{,}37 \text{ cm}^3$
$V = 12\,936{,}84 \text{ cm}^3$

Das Volumen beträgt 12 936,84 cm³.

Lösungen: Mathe-Training

b) Die Oberfläche wird von der Zylindermantelfläche und den beiden Kegelmantelflächen gebildet.

Kegel

$$M = r \cdot \pi \cdot s$$

r = 10,73 cm   s = 24 cm

M_K = 10,73 cm · π · 24 cm
M_K = 809,02 cm²

Zylinder

$$M = 2r \cdot \pi \cdot h$$

r = 10,73 cm   h = 21,46 cm

M_Z = 2 · 10,73 cm · π · 21,46 cm
M_Z = 1446,80 cm²

O = M_Z + 2 · M_K
O = 1446,80 cm² + 2 · 809,02 cm²
O = 3064,84 cm²

Das Werkstück hat einen Oberflächeninhalt von 3064,84 cm².

Aufgabe 5

a) Der Durchmesser eines Kreises beträgt 12 cm : 3 = 4 cm
⇒ Der Holzbalken muss 2 · 4 cm = 8 cm hoch sein.

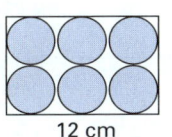

12 cm

b) $$V_z = r^2 \pi \cdot h$$

r = 2 cm   0,6 m = 60 cm
h = 60 cm

V = (2 cm)² · π · 60 cm
V = 753,98 cm³

753,98 cm³ · 6 = 4523,88 cm³

Die sechs Zylinder haben zusammen ein Volumen von 4523,88 cm³.

c) **1. Schritt:**
Berechnung des Quadervolumens.

$$V = a \cdot b \cdot c$$ a = 12 cm   b = 8 cm   c = 60 cm

V = 12 cm · 8 cm · 60 cm
V = 5760 cm³

2. Schritt:
Berechnung des Abfalls.

V_{Abfall} = 5760 cm³ − 4523,88 cm³
V_{Abfall} = 1236,12 cm³

Lösungen: Mathe-Training

3. Schritt:
Berechnung des Würfelvolumens.

$\boxed{V = a^3}$ $\quad a = 11 \quad \Rightarrow \quad V_{\text{Würfel}} = (11 \text{ cm})^3$
$\hspace{6.5cm} V_{\text{Würfel}} = 1331 \text{ cm}^3$

$1331 \text{ cm}^3 > 1236{,}12 \text{ cm}^3$

Der Abfall als Sägemehl passt in den Würfel.

Aufgabe 6

a) **1. Schritt:**
Berechnung der Pyramidenhöhe h_p.

I. Möglichkeit

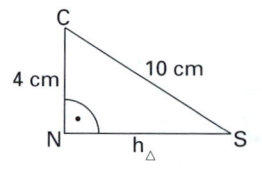

$h_\triangle^2 = (10 \text{ cm})^2 - (4 \text{ cm})^2 \quad$ Pythagoras
$h_\triangle = 9{,}17 \text{ cm}$

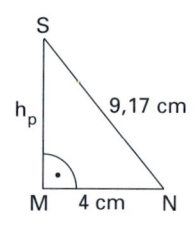

$h_p^2 = (9{,}17 \text{ cm})^2 - (4 \text{ cm})^2$
$h_p = 8{,}25 \text{ cm}$

II. Möglichkeit

[MB] ist die halbe Diagonale eines Quadrates mit der Seitenlänge 8 cm.

$\boxed{d = a \cdot \sqrt{2}} \quad \Rightarrow \quad d = 8 \text{ cm} \cdot \sqrt{2}$
$\hspace{4.3cm} d = 11{,}31 \text{ cm} \quad \Rightarrow \quad \overline{MB} = 5{,}66 \text{ cm}$

$h_p^2 = (10\text{ cm})^2 - 5{,}66\text{ cm}^2$
$h_p = 8{,}24\text{ cm}$ Wegen verschiedener Lösungsmöglichkeiten können sich die Ergebnisse unterscheiden.

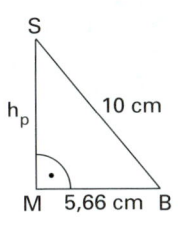

2. Schritt:
Berechnung des Pyramidenvolumens.

$V = \frac{1}{3} G \cdot h$ $\Rightarrow$ $V = \frac{1}{3}(8\text{ cm})^2 \cdot 8{,}24\text{ cm}$
$V = 175{,}79\text{ cm}^3$

Die Pyramide hat ein Volumen von 175,79 cm³.

b) $O = G + M$ $\qquad M = 4 \cdot A_\triangle$

1. Schritt:
Berechnung des Flächeninhalts eines Dreiecks.

$A_\triangle = \frac{1}{2} \cdot 8\text{ cm} \cdot 9{,}17\text{ cm}$
$A_\triangle = 36{,}68\text{ cm}^2$

2. Schritt:
Berechnung des Oberflächeninhalts.

$O = (8\text{ cm})^2 + 4 \cdot 36{,}68\text{ cm}^2$
$O = 210{,}72\text{ cm}^2$

Der Oberflächeinhalt der Pyramide beträgt 210,72 cm².

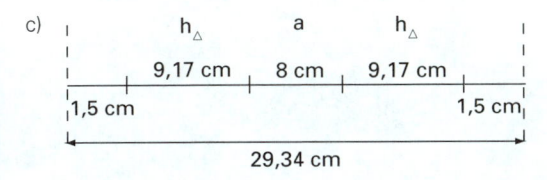

c)
```
    h△       a       h△
  9,17 cm | 8 cm | 9,17 cm
1,5 cm                  1,5 cm
         29,34 cm
```

$A = (29{,}34\text{ cm})^2$
$A = 860{,}84\text{ cm}^2$

Das quadratische Stück Pappe muss einen Flächeninhalt von 861 cm² haben.

6. Zuordnungen – Direkte und indirekte Proportionalität

Aufgabe 1

a) Anhand der Zahlenpaare (0,5 | 72) und (4 | 9) erkennt man, dass es sich um Produktgleichheit handelt:

$x \cdot y = 36$ Es liegt also eine indirekte Proportionalität vor: $x \cdot y = $ konstant
$0,5 \cdot 72 = 36$
$4 \cdot 9 = 36$

x	0,5	1	-2	3	4	6	5
y	72	36	-18	12	9	6	7,2

b) Anhand der Zahlenpaare (-6 | -9) und (12 | 18) erkennt man, dass es sich um Quotientengleichheit handelt:

$\frac{y}{x} = 1,5$ Es liegt also eine direkte Proportionalität vor: $\frac{y}{x}$ ist konstant

$\frac{-9}{-6} = 1,5$

$\frac{18}{12} = 1,5$

x	-2	0,4	-6	$5\frac{1}{3}$	10	12	18
y	-3	0,6	-9	8	15	18	27

Aufgabe 2

Lösung mit dem Dreisatz:

$25 \text{ mph} \triangleq 40 \, \frac{\text{km}}{\text{h}}$

$1 \text{ mph} \triangleq \frac{40}{25} \, \frac{\text{km}}{\text{h}}$

$72 \text{ mph} \triangleq \frac{40 \cdot 72}{25} \, \frac{\text{km}}{\text{h}}$

$\phantom{72 \text{ mph}} = 115,2 \, \frac{\text{km}}{\text{h}}$

Das Auto würde mit einer Geschwindigkeit von 115,2 $\frac{\text{km}}{\text{h}}$ fahren.

Lösungen: Mathe-Training

Aufgabe 3

a) **Dreisatz**   oder   **Produktgleichheit**

22 l/Tag ≙ 210 Tage

1 l/Tag ≙ 210 · 22 Tage

27 l/Tag ≙ $\frac{210 \cdot 22}{27}$ Tage

        = 171,1 Tage

22 l · 210 Tage = 27 l · x | : 27 l

$\frac{22\ l \cdot 210\ \text{Tage}}{27\ l}$ = x

x = 171,1 Tage

Der Ölvorrat würde für 171 Tage reichen.

b) **Dreisatz**   oder   **Produktgleichheit**

210 Tage ≙ 22 l/Tag

1 Tag ≙ 210 · 22 l/Tag

280 Tage ≙ $\frac{210 \cdot 22}{280}$ l/Tag

        = 16,5 l/Tag

210 · 22 l/Tag = 280 · x | : 280

$\frac{210 \cdot 22}{280}$ l/Tag = x

x = 16,5 l/Tag

Man würde täglich 16,5 Liter brauchen.

Aufgabe 4

1. Schritt:
Berechnung der Fahrzeit.

80 km in 1 h

1 km in $\frac{1}{80}$ h

280 km in $\frac{1 \cdot 280}{80}$ h = 3,5 h

Der Pkw-Fahrer braucht 3,5 Stunden und will nun die gleiche Strecke in 3 Stunden fahren.

2. Schritt:
Berechnung der neuen Durchschnittsgeschwindigkeit.

$\boxed{s = v \cdot t}$ Weg ist Geschwindigkeit mal Zeit

Der Weg bleibt gleich: $s_1 = s_2 = 280$ km

$t_1 = 3{,}5$ h $t_2 = 3$ h $v_1 = 80\ \frac{km}{h}$

Produktgleichheit:

$v_1 \cdot t_1 = v_2 \cdot t_2$

$80\ \frac{km}{h} \cdot 3{,}5\ h = v_2 \cdot 3\ h$ | : 3 h

$v_2 = \frac{80 \cdot 3{,}5}{3}\ \frac{km}{h}$

$v_2 = 93{,}33\ \frac{km}{h}$

Das Auto muss mit 93,33 $\frac{km}{h}$ fahren.

Lösungen: Mathe-Training

Aufgabe 5

a)

		1000 kwh	1500 kwh	3000 kwh
A 17,6 ct pro kwh	Grundpreis	6,50 €	6,50 €	6,50 €
	Verbrauch	176,00 €	264,00 €	528,00 €
	Endpreis	182,50 €	270,50 €	534,60 €
B 17,5 ct pro kwh	Grundpreis	8,00 €	8,00 €	8,00 €
	Verbrauch	175,00 €	262,50 €	525,00 €
	Endpreis	183,00 €	270,50 €	533,00 €

b) Verbrauch 1000 kwh: Kosten A < Kosten B
Verbrauch 1500 kwh: Kosten A = Kosten B
Verbrauch 3000 kwh: Kosten A > Kosten B

Ich würde mich für Angebot B entscheiden, weil die Kosten niedriger sind.

c) Die Zeichnung ③ trifft am ehesten zu, weil B anfangs teurer ist als A (siehe auch Tabelle) und ab einem gewissen Betrag (siehe Tabelle: 1500 kwh) billiger wird. Die Gerade von B verläuft dann unterhalb der Geraden von A.

① ist falsch, weil dort der Grundpreis von B niedriger wäre als der von A.

② ist falsch, weil die Preisentwinklung nicht linear, sondern mit einer gekrümmten Linie dargestellt wird.

Aufgabe 6

I. Möglichkeit

200 l in der Minute $\Rightarrow$ 60 · 200 l = 12 000 l in der Stunde

Zufluss 1:   12 000 l/h
Zufluss 2:   3 000 l/h
Gesamt: 15 000 l/h

Lösung mit dem Dreisatz:

12 000 l/h $\triangleq$ 3 Tage
      1 l/h $\triangleq$ 12 000 · 3 Tage
15 000 l/h $\triangleq$ $\frac{12\,000 \cdot 3}{15\,000}$ Tage = 2,4 Tage

II. Möglichkeit

Zufluss 2: 3000 l/h $\Rightarrow$ $\frac{3000}{60}$ l/min = 50 l/min

Zufluss 1:   200 l/min
Zufluss 2:   50 l/min
Gesamt: 250 l/min

Lösung mit dem Dreisatz:

200 l/min ≙ 3 Tage
  1 l/min ≙ 200 · 3 Tage
250 l/min ≙ $\frac{200 \cdot 3}{250}$ Tage = 2,4 Tage

III. Möglichkeit (Produktgleichheit)

Zufluss 1 · Zeit 1 = Zufluss (1 + 2) · Zeit 2
12 000 l · 3 Tage = 15 000 l · x   l : 15 000 l

$$x = \frac{12\,000\,l \cdot 3\,\text{Tage}}{15\,000\,l}$$

x = 2,4 Tage

Der Füllvorgang würde 2,4 Tage dauern.

◢ Lösungen: Mathe-Training

7. Interpretation von Tabellen, Graphen, Schaubildern

Aufgabe 1

a) 12 – 7 = 5

Fünf Dreiecke haben keine besondere Form.

b) 27 – (6 + 2 + 4 + 3 + 5) = 27 – 20 = 7

Sieben Parallelogramme sind im Schaukasten.

c) 12 + 27 = 39

Insgesamt sind 39 Dreiecke und Vierecke im Schaukasten.

d) Alle 39 Dreiecke und Vierecke haben einen Punkt A.
Nur 27 Vierecke haben einen Punkt D.
⇒ A kommt 39-mal vor
     D kommt 27-mal vor

Aufgabe 2

Summe aller Prozentwerte:
20% + 25% + 35% + 20% + 5% = 105%
Katja hat 5% zu viel gezeichnet. Es kann bei dieser Fragestellung aber nicht entschieden werden, bei welcher Altersgruppe der Fehler liegt.

Aufgabe 3

a) Im Jahr 1997 waren die wenigsten Bundesbürger erwerbstätig.

b) 1991 – 1993: 38,66 Mio – 37,54 Mio = 1,12 Mio
2001 – 2003: 39,21 Mio – 38,63 Mio = 0,58 Mio
⇒ Zwischen 1991 und 1993 war der Rückgang der Erwerbstätigkeit am stärksten.

c) Im Jahr 2007 waren 39,66 Mio Bundesbürger erwerbstätig.

I. Möglichkeit

Dreisatz:
100% ≙ 39,66 Mio

$1\% \triangleq \dfrac{39{,}66 \text{ Mio}}{100}$

$72{,}4\% \triangleq \dfrac{39{,}66 \text{ Mio} \cdot 72{,}4}{100}$
= 28,71 Mio

II. Möglichkeit

Formel:
GW = 39,66 Mio   p = 72,4

$$PW = \dfrac{GW \cdot p}{100}$$

$PW = \dfrac{39{,}66 \text{ Mio} \cdot 72{,}4}{100}$

PW = 28,71 Mio

Im Jahr 2007 waren 28,71 Mio Bundesbürger im Sektor „Dienstleistungen" beschäftigt.

d) Die Addition der Prozentwerte müsste eigentlich 100% ergeben.
72,4% + 19,9% + 5,5% + 2,1% = 99,9%
Da es sich um gerundete Werte handelt, kann es sein, dass die Summe nicht genau 100% ergibt.

Aufgabe 4

Es muss zugeordnet werden:

A → ②

Zuerst wird der Zylinder leer, die Höhe nimmt linear ab. Dann wird der Kegel leer, wobei die Wasserhöhe immer schneller abnimmt.

B → ④

Zuerst wird der Kegel leer, die Wasserhöhe nimmt immer langsamer ab. Dann wird der Zylinder leer, die Wasserhöhe nimmt linear ab.

C → ⑤

In beiden Zylindern nimmt die Wasserhöhe linear ab. Der obere Zylinder ist der größere, also nimmt dort die Wasserhöhe langsamer ab als im unteren Zylinder.

D → ③

Im oberen Kegel nimmt die Wasserhöhe immer langsamer ab, im unteren Kegel immer schneller.

Die Grafik ① passt zu keinem der vier Gefäße.

Lösungen: Mathe-Training

Aufgabe 5

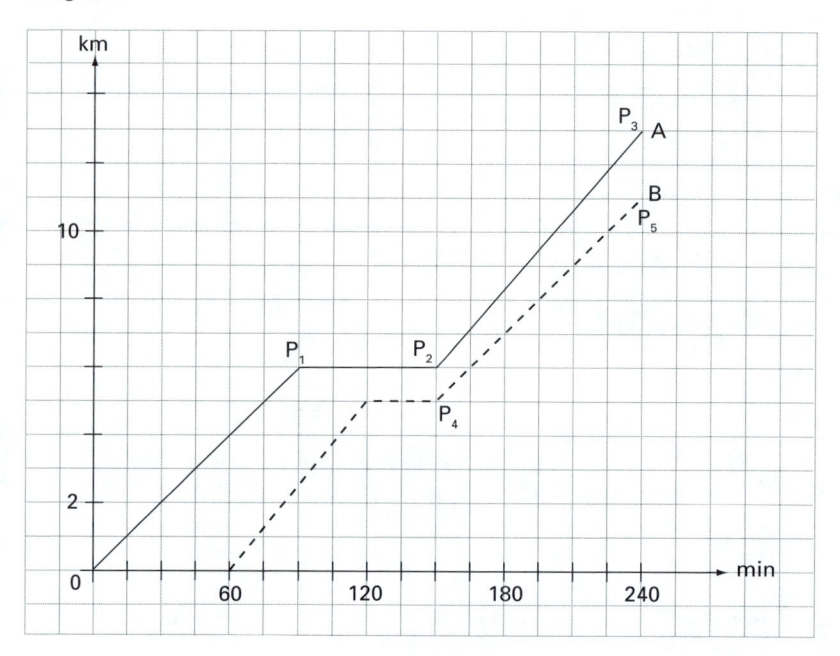

a) A ist 13 km gelaufen, B ist 11 km gelaufen.

b) Pause von A: 1 Stunde

Pause von B: $\frac{1}{2}$ Stunde

c) A ist 4 Stunden unterwegs, B ist 3 Stunden unterwegs.

d) Laufzeit von A: 3 Stunden

Laufzeit von B: $2\frac{1}{2}$ Stunden

e) Geschwindigkeit v_A von A:
3 h ≙ 13 km

1 h ≙ $\frac{13}{3}$ km

⇒ $v_A = 4{,}33 \frac{km}{h}$

Geschwindigkeit v_B von B:
2,5 h ≙ 11 km

1 h ≙ $\frac{11}{2{,}5}$ km

$v_B = 4{,}4 \frac{km}{h}$

f) A läuft in der zweiten Phase (von P_2 bis P_3) schneller, weil die Strecke $[P_2P_3]$ steiler verläuft als die Strecke $[OP_1]$.

g) Die Strecke [0P$_1$] und [P$_4$P$_5$] sind zueinander parallel $\Rightarrow$ Wanderer A hat vor der Pause die gleiche Geschwindigkeit wie Wanderer B nach der Pause.

h) Die Wanderer treffen sich nicht, weil sich die Graphen nicht schneiden.

Aufgabe 6

a) Eine Prozentangabe bezieht sich stets auf das Ganze (auf einen Grundwert).
Da die Einwohnerzahlen nicht gleich sind, ergeben die 4,1% auch verschiedene Werte.

b) **Baden-Württemberg**
100% $\triangleq$ 10 749 755 E.
4,1% $\triangleq \dfrac{10\ 749\ 755 \cdot 4,1}{100}$ E.
= 440 740 Einwohner

Bayern
100% $\triangleq$ 12 520 332 E.
4,1% $\triangleq \dfrac{12\ 520\ 332 \cdot 4,1}{100}$ E.
= 513 334 Einwohner

Im Mai 2008 waren in Baden-Württemberg 440 740 Einwohner arbeitslos, in Bayern waren es 513 334 Einwohner.

8. Konstruktionen

Aufgabe 1

In die Planfigur werden die gegebenen Stücke farbig eingezeichnet.

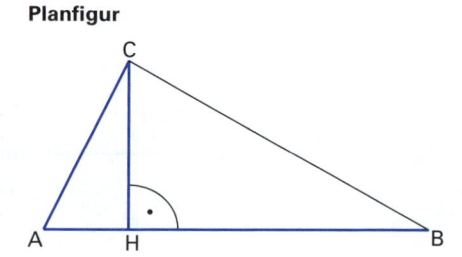

Planfigur

Konstruktionsbeschreibung
1. Mit c erhält man die Strecke [AB]
2. Zeichnen einer Parallele p zu [AB] im Abstand h
3. Zeichnen eines Kreises k um A mit Radius b
4. Schnittpunkt von k mit p ergibt den Punkt C.

Konstruktion

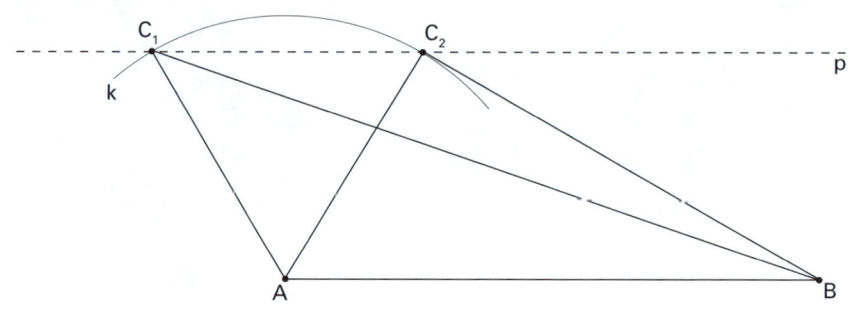

Der Kreis schneidet die Parallele p zweimal.
⇒ Es gibt zwei Dreiecke ABC_1 und ABC_2.

Aufgabe 2

a)

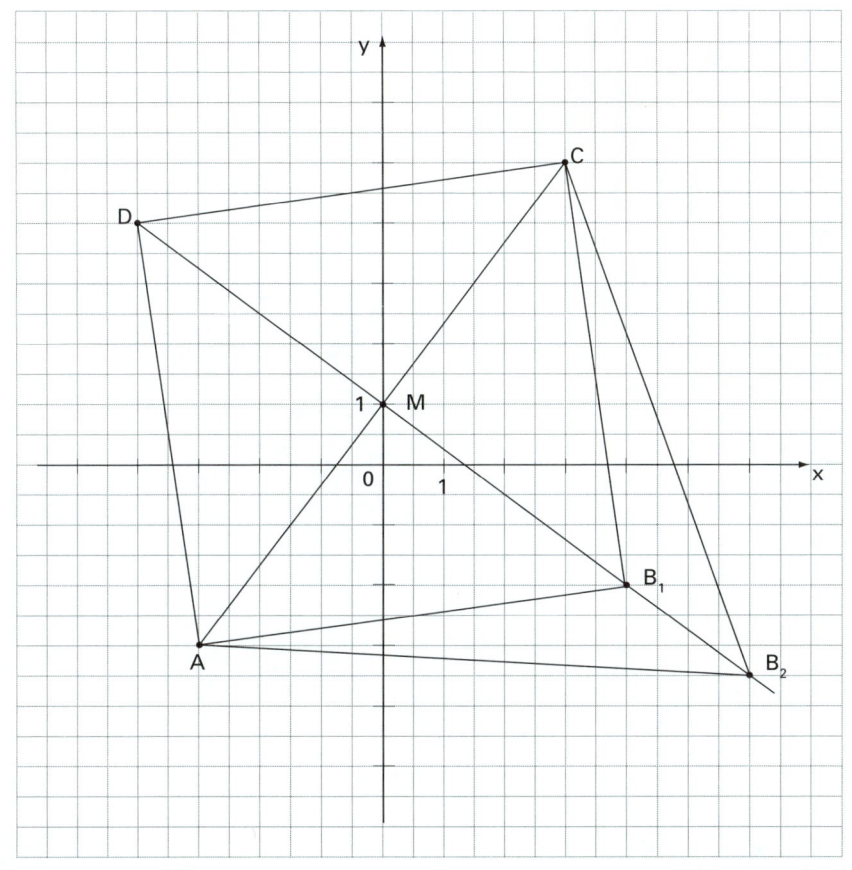

b) B_1 liegt auf der Senkrechten zu [AC] durch den Punkt D und es muss gelten:
$\overline{MB_1} = \overline{MD}$
B_1 (4 | -2)

c) B_2 liegt auch auf dieser Senkrechten. Er kann links oder rechts von B_1 liegen, aber nicht auf der Strecke [DM].

◂ Lösungen: Mathe-Training

Aufgabe 3

Planfigur

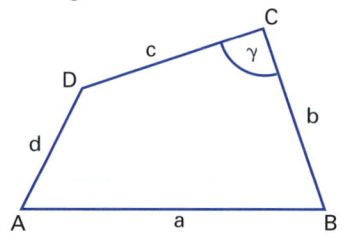

Konstruktionsbeschreibung
1. Mit b erhält man [BC]
2. An C den Winkel γ antragen ⇒ [CD
3. Kreis um C mit Radius c schneidet [CD in Punkt D
4. Die beiden Kreise um D mit Radius d und um B mit Radius a schneiden sich in A

Konstruktion

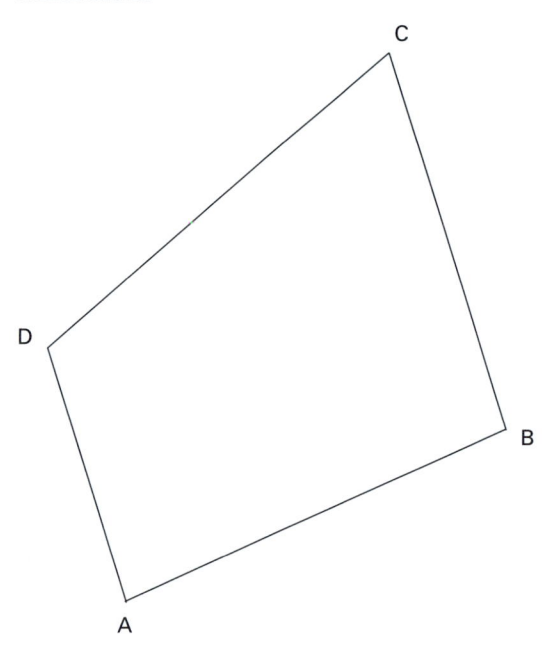

Aufgabe 4

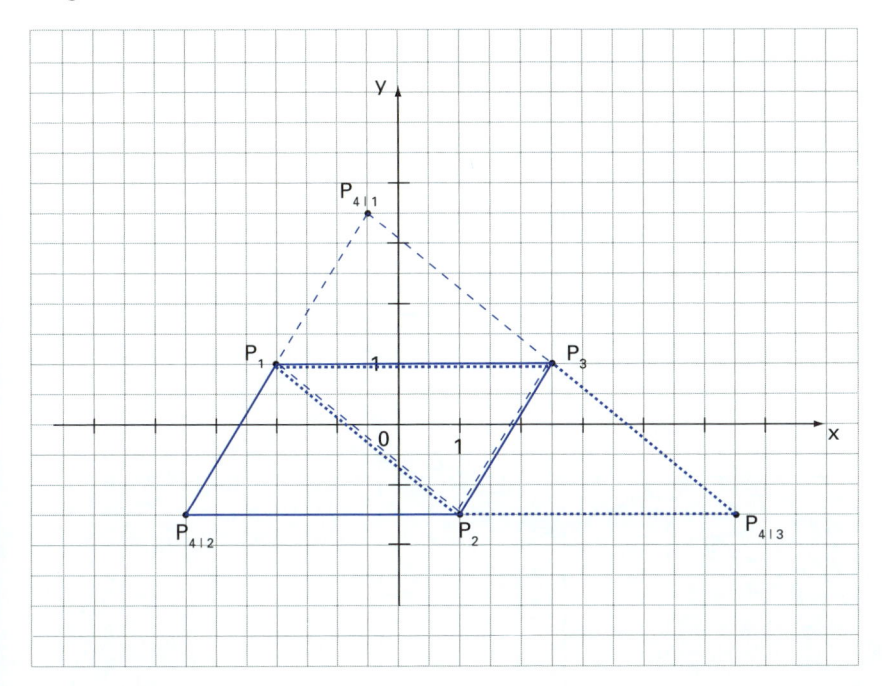

Parallelogramme:

- - - - $P_1 P_2 P_3 P_{4|1}$
——— $P_1 P_{4|2} P_2 P_3$
········ $P_1 P_2 P_{4|3} P_3$

$P_{4|1}$ (-0,5 | 3,5)

$P_{4|2}$ (-3,5 | -1,5)

$P_{4|3}$ (5,5 | -1,5)

Aufgabe 5

a)

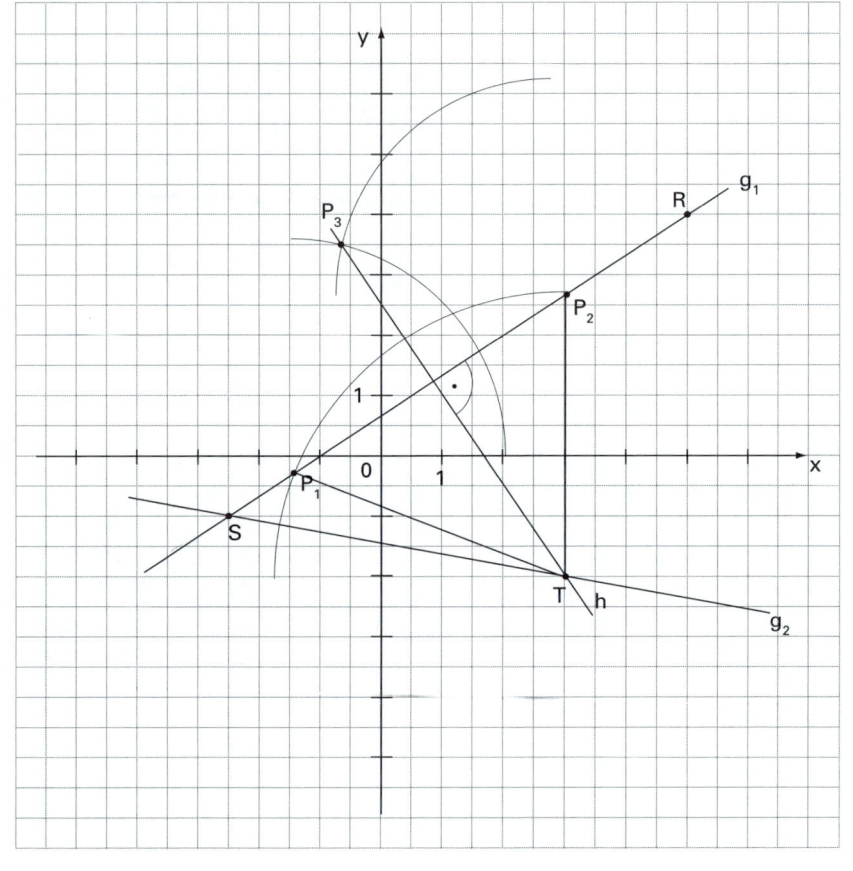

b) Der Kreisbogen um T schneidet g_1 in P_1 und P_2. Der Kreis um P_1 mit dem Radius $r > \frac{1}{2}\overline{P_1P_2}$ und der Kreis um P_2 mit dem gleichen Radius r schneiden sich im Punkt P_3. Die Gerade durch P_3 und T ist die gesuchte Senkrechte h zu g_1.

c) $\overline{TP_1} = \overline{TP_2}$. Das Dreieck P_1TP_2 ist also gleichschenklig.

Aufgabe 6

a) + b)

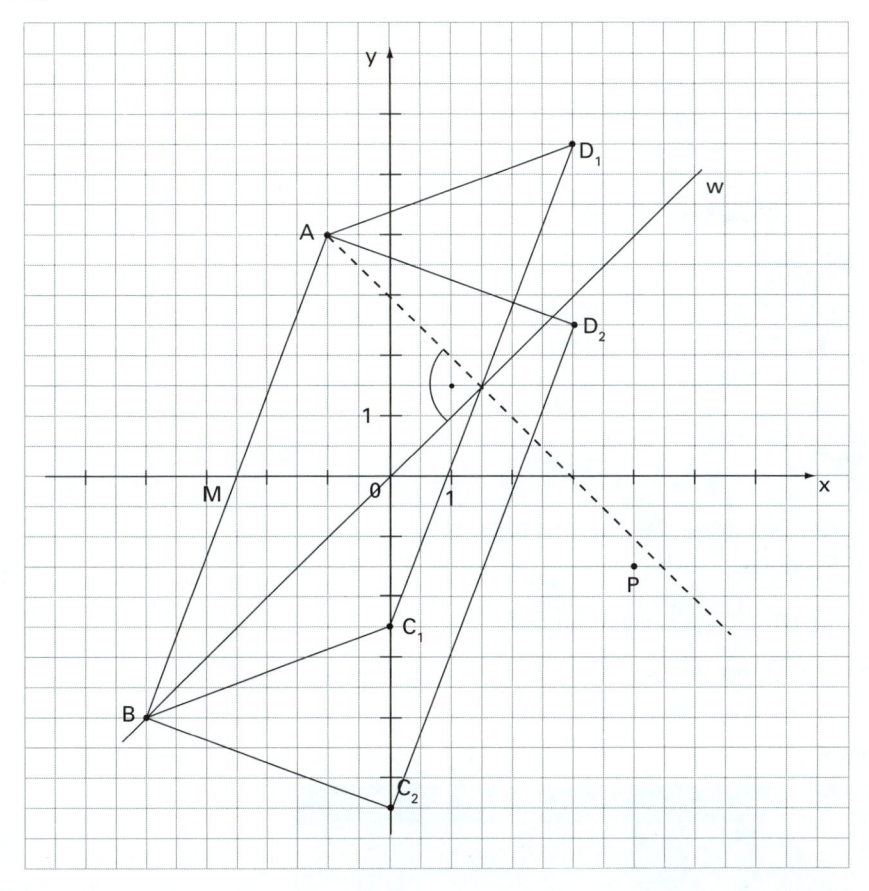

c) Die Senkrechte (gestrichelte Linie) zu w durch A verläuft nicht durch P.
   A und P sind also keine Spiegelpunkte.

d) M (-2,5 | 0)

e) Der Kreis um B mit Radius $r = \frac{1}{2}\overline{AB} = \overline{BM}$ schneidet die y-Achse in den Punkten C_1 und C_2.
   C_1 (0 | -2,5), C_2 (0 | -5,5), D_1 (3 | 5,5), D_2 (3 | 2,5)

◢ Lösungen: Mathe-Prüfung I – A

Teil A

Aufgabe 1

Angebot A: 12 · 190 € = 2280 €

Angebot B: 100% ≙ 2220 €
  1% ≙ 22,20 €
  3% ≙ 3 · 22,20 € = 66,60 €

2220,00 € − 66,60 € = 2153,40 €
2280,00 € − 2153,40 € = 126,60 €

Die Barzahlung ist um 126,60 Euro günstiger.

Aufgabe 2

a) $2,8 \cdot 10^5 < 2\,800\,000$ b) $0,3 \cdot 10^{-8} < 0,3 \cdot 10^{-7}$

Aufgabe 3

2002: 4800 Besucher
2005: 5040 Besucher ⇒ 240 Besucher mehr als im Jahr 2002

4800 ≙ 100%

$240 \;≙\; \dfrac{100 \cdot 240}{4800}\% = \dfrac{24\,000}{4800}\% = \dfrac{240}{48}\% = 5\%$

Die Besucherzahl hat von 2002 bis 2005 um 5% zugenommen.

Aufgabe 4

Volumen eines Quaders	Volumen einer Pyramide
$V = a \cdot a \cdot a$ $V = a^3$	$V = \dfrac{1}{3} G \cdot h$ $V = \dfrac{1}{3} a \cdot a \cdot a$ $V = \dfrac{1}{3} a^3$

Das Pyramidenvolumen ist der 3. Teil des Quadervolumens.

⇒ $V_P = 1230\ \text{cm}^3 : 3$
  $V_P = 410\ \text{cm}^3$

Das Volumen der Pyramide beträgt 410 cm³.

Aufgabe 5

Richtig ist 3.

Aufgabe 6

Von insgesamt 24 kleinen Quadraten sind 6 Quadrate und vier halbe Quadrate gefärbt ⇒ 8 Quadrate.
8 ist der 3. Teil von 24 ⇒ der 3. Teil von 100% ist gefärbt.

Es sind 33,33% der Gesamtfläche gefärbt.

Aufgabe 7

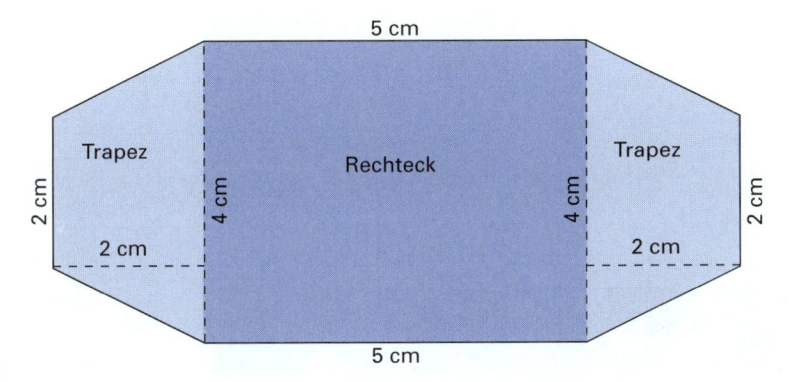

Die Fläche kann in ein Rechteck und zwei Trapeze zerlegt werden.

$A_R = 5 \text{ cm} \cdot 4 \text{ cm}$ $A_{Tr} = \dfrac{4 \text{ cm} + 2 \text{ cm}}{2} \cdot 2 \text{ cm}$

$A_R = 20 \text{ cm}^2$ $A_{Tr} = 6 \text{ cm}^2$

$A = A_R + 2 \cdot A_{Tr}$

$A = 20 \text{ cm}^2 + 2 \cdot 6 \text{ cm}^2$

$A = 32 \text{ cm}^2$

Lösungen: Mathe-Prüfung I – A

Aufgabe 8

Anzahl Autos: x
Anzahl Motorräder: 20 – x

Maßzahlengleichung:
$$x \cdot 4 + (20 - x) \cdot 2 = 56$$

4 x + 40 – 2x = 56		I – 40
2x = 16		I : 2
x = 8		Anzahl Autos
20 – x = 20 – 8 = 12		Anzahl Motorräder

Peter hat 8 Spielzeugautos und 12 Spielzeugmotorräder.

Aufgabe 9

a)   Falsche Zeile:

     4x – 6 – 2x = 12

     Es muss heißen:
     4x – 6 + 2x = 12

b)   Falsche Zeile:

     -11x + 6 = -27

     Es muss heißen:
     -19x + 6 = -27

Aufgabe 10

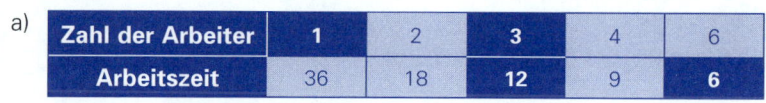

a)

Zahl der Arbeiter	1	2	3	4	6
Arbeitszeit	36	18	12	9	6

Das ist ein indirektes Verhältnis: „Je mehr Arbeiter, desto weniger Zeit". Das Produkt aus Arbeiter · Arbeitszeit muss stets den gleichen Wert ergeben (in diesem Fall: 36).
$1 \cdot 36 = 2 \cdot 18 = 3 \cdot 12 = 4 \cdot 9 = 6 \cdot 6 = 36$

b)

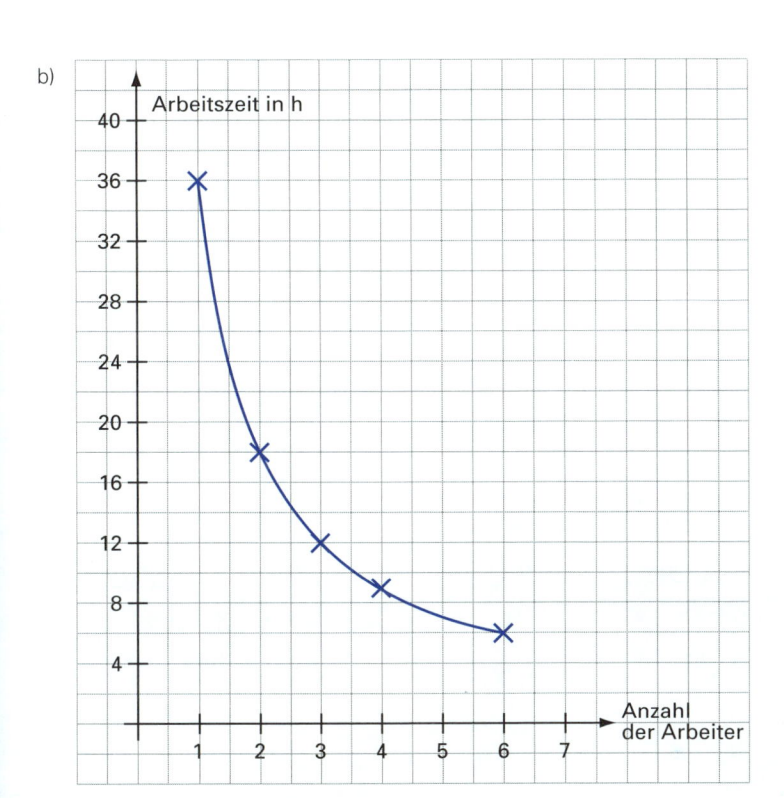

Aufgabe 11

Notendurchschnitt = $\frac{\text{Summe aller Noten}}{\text{Anzahl der Schüler}}$

Insgesamt sind es 25 Schüler.

Notendurchschnitt = $\frac{1 \cdot 1 + 6 \cdot 2 + 9 \cdot 3 + 7 \cdot 4 + 0 \cdot 5 + 2 \cdot 6}{25}$

$= \frac{1 + 12 + 27 + 28 + 0 + 12}{25} = \frac{80}{25} = 3{,}2$

Die Mathematikschulaufgabe hatte einen Notendurchschnitt von 3,2.

Aufgabe 12

Die Tischplatte ist etwa 70 cm hoch. Der Baum hat etwa die 8-fache Höhe.
8 · 70 cm = 560 cm

Der Baum ist etwa 5,60 m hoch.

Teil B

Aufgabengruppe I

Aufgabe 1

Anzahl aller Schüler: x

deutsch: $\frac{1}{4}x$ italienisch: 3   griechisch: $\frac{1}{7}x$ türkisch: $\frac{1}{4}x - 1$

spanisch: 8

$\frac{1}{4}x + 3 + \frac{1}{7}x + \frac{1}{4}x - 1 + 8 = x$ \qquad | $-x$

$\frac{1}{4}x + \frac{1}{7}x + \frac{1}{4}x - x + 10 = 0$ \qquad | -10

$\frac{7}{28}x + \frac{4}{28}x + \frac{7}{28}x - \frac{28}{28}x = -10$

$-\frac{10}{28}x = -10$ \qquad | $:\left(-\frac{10}{28}\right)$

$x = 28$

deutsch: $\frac{1}{4} \cdot 28 = 7$

italienisch: 3

griechisch: $\frac{1}{7} \cdot 28 = 4$

türkisch: $\frac{1}{4} \cdot 28 - 1 = 6$

spanisch: 8

Aufgabe 2

Zuerst muss die Trapezhöhe mit dem Satz des Pythagoras bestimmt werden.

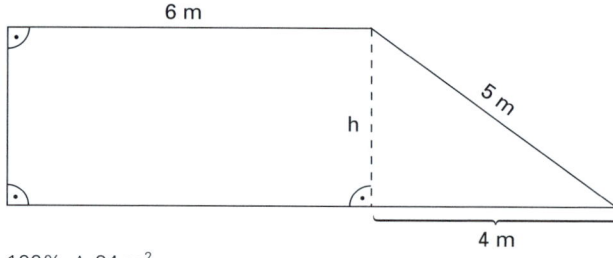

$h^2 = (5\,m)^2 - (4\,m)^2$
$h = 3\,m$

$A = \frac{10\,m + 6\,m}{2} \cdot 3\,m$

$A = 24\,m^2$ Trapezfläche

$100\% \triangleq 24\,m^2$

$12\% \triangleq \frac{24 \cdot 12}{100}\,m^2 = 2{,}88\,m^2$ (Verschnitt)

$24\,m^2 + 2{,}88\,m^2 = 26{,}88\,m^2$

Einschließlich Verschnitt benötigt man 26,88 m² Fliesen.

Lösungen: Mathe-Prüfung I – B

Aufgabe 3

a) 100 % ≙ 4800 Bücher

96 % ≙ $\frac{4800 \cdot 96}{100}$ Bücher = 4608 Bücher

Im März wurden 4608 Exemplare verkauft.

120 % ≙ 4800 Bücher

100 % ≙ $\frac{4800 \cdot 100}{120}$ Bücher = 4000 Bücher

Im Januar wurden 4000 Exemplare verkauft.

b) 119 % ≙ 33,32 €

19 % ≙ $\frac{33,32 \cdot 19}{119}$ € = 5,32 €

5,32 € · 4620 = 24 578,40 €

Die Mehrwertsteuer im April betrug 24 578,40 €.

Aufgabe 4

a) **Tarif A**

Gesprächsminuten	50	150
Kosten pro Monat	15 €	35 €

Tarif B

Gesprächsminuten	50	150
Kosten pro Monat	22,50 €	32,50 €

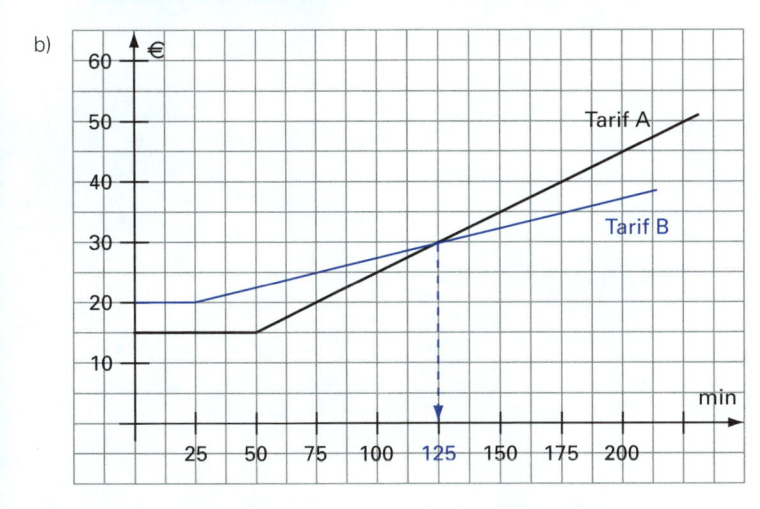

b)

c) Bei mehr als 125 Gesprächsminuten ist Tarif B günstiger.

Aufgabengruppe II

Aufgabe 1

$\frac{1}{2}x - 2 \cdot (x + 5) - \frac{1}{4}x = 3x - 48$

$\frac{1}{2}x - 2x - 10 - \frac{1}{4}x = 3x - 48$

$\qquad -\frac{7}{4}x - 10 = 3x - 48 \qquad\qquad | -3x + 10$

$\qquad -\frac{19}{4}x = -38 \qquad\qquad | \cdot \left(-\frac{4}{19}\right)$

$\qquad\qquad x = 8$

Aufgabe 2

a) $m = \rho \cdot V$

b) Der Wert 63,4 ist falsch, weil $212 \text{ cm}^3 \cdot 0,3 \, \frac{g}{\text{cm}^3} = 63,6$ g sind.
Es muss heißen: **63,6**

c) Die Formel $m = \rho \cdot V$ muss nach V umgestellt werden:

$V = \frac{m}{\rho}$

$V = \frac{52,8 \text{ g}}{0,3 \, \frac{g}{\text{cm}^3}}$

$V - 176 \text{ cm}^3$

Der Stoff hat ein Volumen von 176 cm³.

Lösungen: Mathe-Prüfung I – B

Aufgabe 3

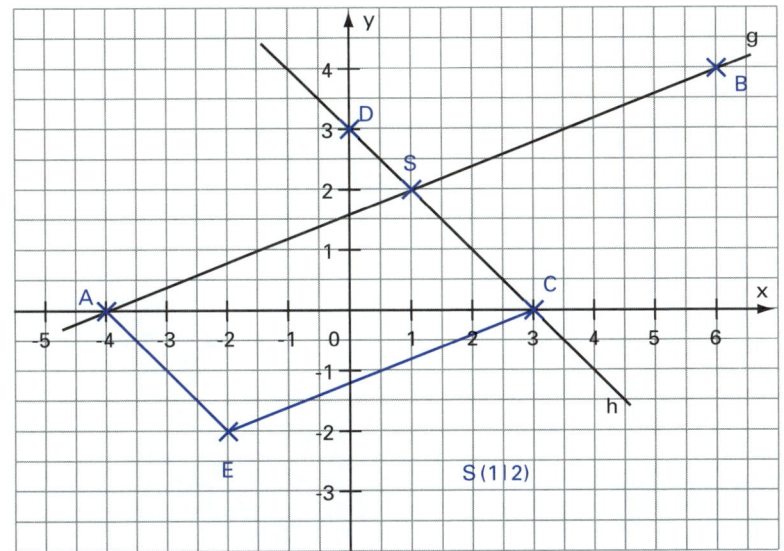

a)

b) E(-2 | -2)

Aufgabe 4

a) $V = V_{Quader} - V_{Zylinder}$

$V_Q = 6\,cm \cdot 8\,cm \cdot 4\,cm$ $\qquad V_Z = (1{,}5\,cm)^2 \, \pi \cdot 8\,cm$
$V_Q = 192\,cm^3$ $\qquad\qquad\qquad\quad V_Z = 56{,}55\,cm^3$

$V = 192\,cm^3 - 56{,}55\,cm^3$
$V = 135{,}45\,cm^3$

$135{,}45 \cdot 4{,}5\,g = 609{,}53\,g$

Das Werkstück ist 609,53 g schwer.

b) $A = 2 \cdot (A_{Rechteck} - A_{Kreis})$

$A_R = 6\,cm \cdot 4\,cm$ $\qquad A_K = (1{,}5\,cm)^2 \cdot \pi$
$A_R = 24\,cm^2$ $\qquad\qquad\quad A_K = 7{,}07\,cm^2$

$A = 2 \cdot (24\,cm^2 - 7{,}07\,cm^2)$
$A = 33{,}86\,cm^2$

33,86 cm² erhalten einen Anstrich.

Lösungen: Mathe-Prüfung I – B

Aufgabengruppe III

Aufgabe 1

$2x - \frac{1}{3}(8x - 12) + 2x = \frac{1}{2}(x - 8) - 2$

$2x - \frac{8}{3}x + 4 + 2x = \frac{1}{2}x - 4 - 2$

$\frac{4}{3}x + 4 = \frac{1}{2}x - 6 \qquad\qquad |-\frac{1}{2}x - 4$

$\frac{8}{6}x - \frac{3}{6}x = -10$

$\frac{5}{6}x = -10 \qquad\qquad |\cdot \frac{6}{5}$

$x = -12$

Aufgabe 2

$V = V_{Quader} + V_{Pyramide}$

$V_Q = 12\ cm \cdot 12\ cm \cdot 12\ cm$
$V_Q = 1728\ cm^3$

Die Höhe der Pyramide wird mit dem Satz des Pythagoras berechnet.

$h^2 = (10\ cm)^2 - (6\ cm)^2$
$h = 8\ cm$

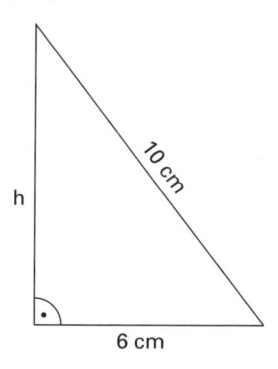

$V_P = \frac{1}{3} \cdot 12\ cm \cdot 12\ cm \cdot 8\ cm$

$V_P = 384\ cm^3$

$V = 1728\ cm^3 + 384\ cm^3$
$V = 2112\ cm^3$

Der Körper hat ein Volumen von 2112 cm³.

Lösungen: Mathe-Prüfung I – B

Aufgabe 3

a) $\frac{3}{4}$ von 12 600 € = 9450 €

100 % ≙ 9450 €

3,5 % ≙ $\frac{9450 \cdot 3,5}{100}$ € = 330,75 € Zinsen im Jahr

9 Monate = $\frac{3}{4}$ Jahr

$\frac{3}{4}$ · 330,75 € = 248,06 €

Herr Glück erhält nach 9 Monaten 248,06 € Zinsen.

b) 12 600 € – 9450 € = 3150 € Restbetrag

3244,50 € – 3150 € = 94,50 € Zinsen im Jahr

3150 € ≙ 100 %

94,50 € ≙ $\frac{100 \cdot 94,50}{3150}$ % = 3 %

Bei der zweiten Bank erhält Herr Glück 3 % Zinsen.

Aufgabe 4

a) 1 Stunde = 60 Minuten

1 Tag = 24 · 60 Minuten = 1440 Minuten
65 Tage = 65 · 1440 Minuten = 93 600 Minuten

In einer Minute: 240 Tropfen
In 93 600 Minuten: 22 464 000 Tropfen = $2,2464 \cdot 10^7$ Tropfen

Der Wasserbehälter verliert in 65 Tagen $2,2464 \cdot 10^7$ Tropfen Wasser.

b) 30 Tage = 30 · 1440 Minuten = 43 200 Minuten

43 200 min ≙ $3,456 \cdot 10^5$ Tropfen

12 min ≙ $\frac{3,456 \cdot 10^5 \cdot 12}{4,32 \cdot 10^4}$ Tropfen = $9,6 \cdot 10^1$ Tropfen = 96 Tropfen

In 12 Minuten verliert er 96 Tropfen.

Lösungen: Mathe-Prüfung 2007 – A

Teil A

Aufgabe 1

Angebot A
10 Liter kosten 8,80 €
$\Rightarrow$ 1 Liter kostet 88 ct = 0,88 €

Angebot B
9 Liter kosten 8,10 €
$\Rightarrow$ 1 Liter kostet 90 ct = 0,90 €

Aufgabe 2

100%	$\triangleq$	25	Kästchen		
1%	$\triangleq$	0,25	Kästchen	}	: 100
24%	$\triangleq$	0,25 · 24	Kästchen	}	· 24
	=	6	Kästchen		

Aufgabe 3

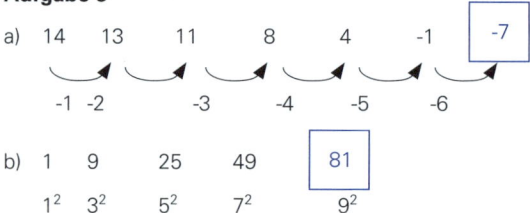

a) 14   13   11   8   4   -1   -7
   -1 -2   -3 -4 -5 -6

b) 1   9   25   49   81
   1^2 3^2 5^2 7^2 9^2

Aufgabe 4

a) $1,2 \cdot 10^{-5}$ < 0,0012
   0,000012 < 0,0012
   ↑
   Das Komma wurde
   um 5 Stellen nach
   links verschoben.

b) $4,2 \cdot 10^7 = 0,042 \cdot 10^9$
   $4,2 \cdot 10^7 = 4,2 \cdot 10^7$
   ↑
   Verschiebt man das Komma
   um 2 Stellen nach rechts,
   muss die Hochzahl um 2
   verkleinert werden.

Lösungen: Mathe-Prüfung 2007 – A

Aufgabe 5

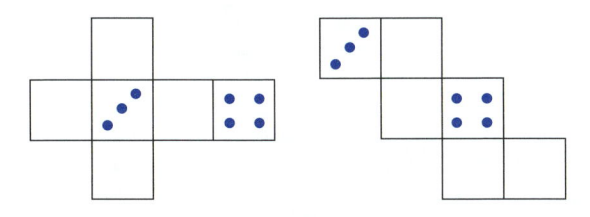

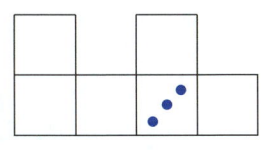

Diese Darstellung ist kein Würfelnetz.

Aufgabe 6

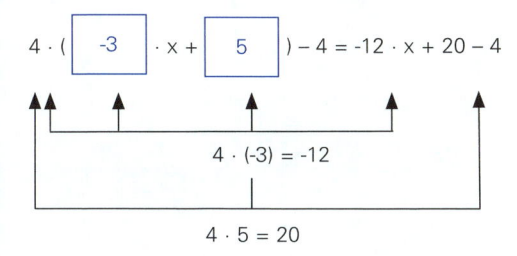

4 · (-3 · x + 5) – 4 = -12 · x + 20 – 4

4 · (-3) = -12

4 · 5 = 20

Aufgabe 7

70 € + 90 € = 160 €

100 % ≙ 160 €

1 % ≙ $\frac{160\ €}{100}$

70 % ≙ $\frac{160\ €\ ·\ 70}{100}$ = 112 €

Beachte

30 % Nachlass bedeutet neuer Kaufpreis ≙ 70 %!

Sabrina muss insgesamt 112 € bezahlen.

Lösungen: Mathe-Prüfung 2007 – A

Aufgabe 8

Die Summe der einzelnen Noten muss durch 6 geteilt werden.
x ist die Note der 6. Probe:

$$\frac{4 + 2 + 3 + 1 + 2 + x}{6} = 2{,}5$$

$$\frac{12 + x}{6} = 2{,}5 \qquad | \cdot 6$$

$$12 + x = 15 \qquad | -12$$

$$x = 3$$

Die 6. Probe hat die Note 3.

Aufgabe 9

Ergänzung C ist richtig.

Aufgabe 10

Die Statue ist etwa 5-mal so hoch wie der Tourist.
Wenn der Tourist 1,75 m groß ist, dann ist die Statue
5 · 1,75 m = 8,75 m hoch.

Aufgabe 11

Gerundete Werte: 1530 ≈ 1500   978 ≈ 1000
1500 – 1000 = 500
Der Preis hat um 500 € abgenommen.

1500 € ≙ 100%

500 € ≙ $\frac{100}{3}$% = 33,33%

Auf ganze Prozent gerundet:

Der Preis für ein Notebook hat in den Jahren von 2003 bis 2006 um 33% abgenommen.

Aufgabe 12

Auf der untersten Stufe sind	5 · 5 = 25 Würfel
Auf der zweiten Stufe sind	3 · 3 = 9 Würfel
Oben ist noch 1 Würfel	1 Würfel
	35 Würfel

Es sind insgesamt 35 Würfel.

Teil B

Aufgabengruppe I

Aufgabe 1

Metal: $\frac{1}{6}x$ Hip-Hop: $\frac{1}{3}x + 28$

Rock: $\frac{1}{3}x$ Techno: 38

$\frac{1}{6}x + \frac{1}{3}x + \frac{1}{3}x + 28 + 38 = x$

$\qquad \frac{1}{6}x + \frac{4}{6}x + 66 = x$

$\qquad\qquad \frac{5}{6}x + 66 = x \qquad\qquad | - \frac{5}{6}x$

$\qquad\qquad\qquad 66 = \frac{1}{6}x \qquad\qquad | \cdot 6$

$\qquad\qquad\qquad x = 396$

396 : 6   = 66 Metal
396 : 3   = 132 Rockmusik
132 + 28 = 160 Hip-Hop
            38 Techno

Aufgabe 2

a) 12 478 468 − 6 367 721 = 6 110 747
   Gesamt-   weiblich   männlich
   bevölkerung   (muss nicht unbedingt
                                   berechnet werden)

12 478 468 = 100 %

6 367 721 = $\dfrac{100 \cdot 6\ 367\ 721}{12\ 478\ 468}$ % = 51,03 %

100 % − 51,03 % = 48,97 %

51,03 % sind Frauen, 48,97 % sind Männer.

Lösungen: Mathe-Prüfung 2007 – B

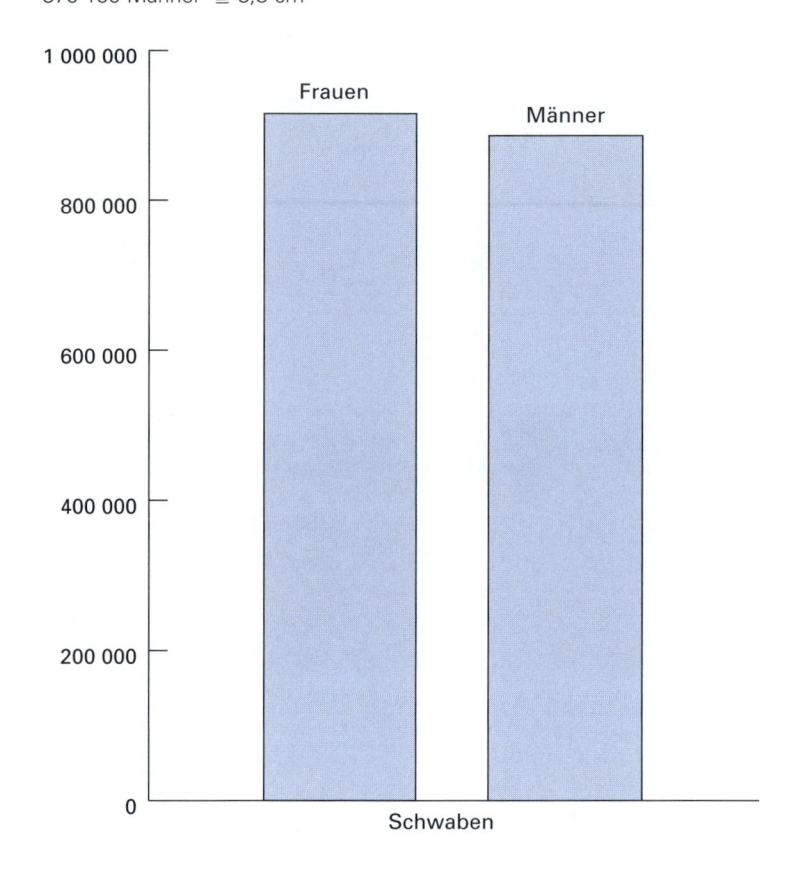

b) 912 002 Frauen ≙ 9,1 cm
    876 156 Männer ≙ 8,8 cm

Aufgabe 3

Zuerst wird der Radius des Halbkreises berechnet:

$A_{Halbkreis}$ = 25,12 dm² ⇒ A_{Kreis} = 50,24 dm²

$r^2 \pi$ = 50,24 dm² | : π

$r^2 = \frac{50,24}{\pi}$ dm²

r = 4 dm ⇒ Seitenlänge des Sechsecks: a = 8 dm

Lösungen: Mathe-Prüfung 2007 – B

$h^2 + (4\text{ cm})^2 = (8\text{ dm})^2$
$\qquad h^2 = (8\text{ dm})^2 - (4\text{ dm})^2$
$\qquad h = 6{,}93\text{ dm}$

$A_\triangle = \dfrac{1}{2} \cdot 8\text{ dm} \cdot 6{,}93\text{ dm}$

$A_\triangle = 27{,}72\text{ dm}^2$

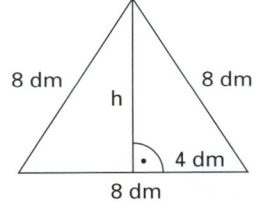

Das regelmäßige Sechseck setzt sich aus sechs gleichseitigen Dreiecken zusammen.

$A_{\text{Sechseck}} = 6 \cdot 27{,}72\text{ dm}^2$
$A_{\text{Sechseck}} = 166{,}32\text{ dm}^2$

Aufgabe 4

a) $100\% - 21{,}55\% = 78{,}45\%$

$\qquad 78{,}45\% \triangleq 407{,}94\text{ €}$
$\qquad\quad 1\% \triangleq \dfrac{407{,}94}{78{,}45}\text{ €}$
$\qquad\; 100\% \triangleq \dfrac{407{,}94 \cdot 100}{78{,}45}\text{ €} = 520\text{ €}$

Maya hat ein Bruttogehalt von 520 €.

b) $\qquad 100\% \triangleq 576\text{ €}$

$\qquad 102{,}5\% \triangleq \dfrac{576 \cdot 102{,}5}{100}\text{ €} = 590{,}40\text{ €}$

Der neue Grundwert ist jetzt 590,40 €.

$\qquad 100\% \triangleq 590{,}40\text{ €}$

$\qquad 77{,}5\% \triangleq \dfrac{590{,}40 \cdot 77{,}5}{100}\text{ €} = 457{,}56\text{ €}$

Florian hat ein neues Nettogehalt von 457,56 €.

Aufgabengruppe II

Aufgabe 1

$$\frac{3{,}5 \cdot (2x - 24)}{7} - 4 \cdot (x - 2) = \frac{5x - 138}{3} \qquad | \cdot 21$$

$$3 \cdot 3{,}5\,(2x - 24) - 21 \cdot 4\,(x - 2) = 7\,(5x - 138)$$
$$21x - 252 - 84x + 168 = 35x - 966$$
$$-63x - 84 = 35x - 966 \qquad | - 35x$$
$$-98x - 84 = -966 \qquad | + 84$$
$$-98x = -882 \qquad | : (-98)$$
$$x = 9$$

Aufgabe 2

a) S (-0,5 | 0)

b) + c)

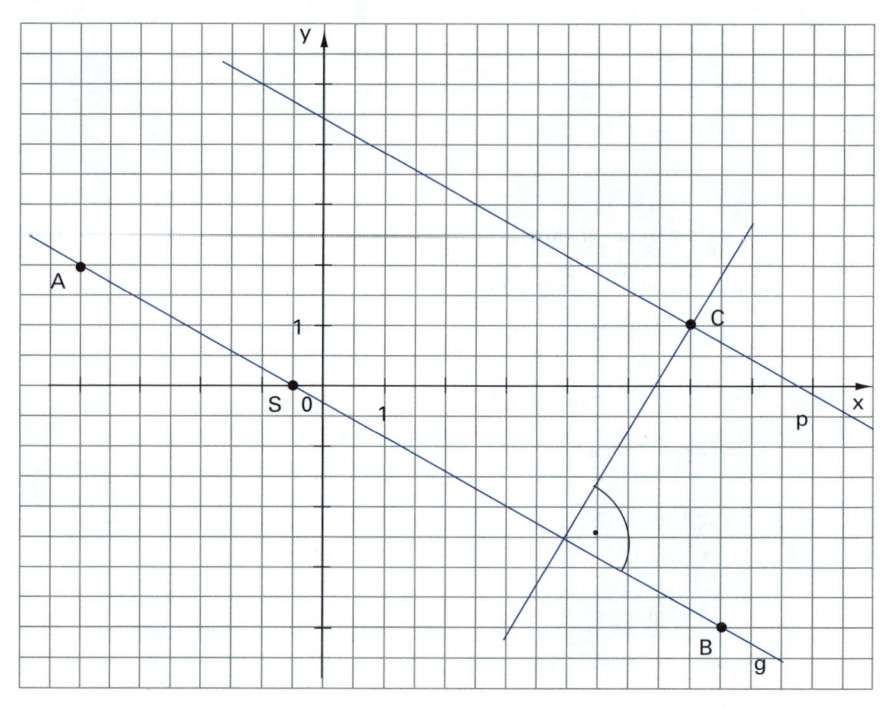

Lösungen: Mathe-Prüfung 2007 – B

Aufgabe 3

Zuerst muss die Länge der beiden Katheten berechnet werden:

$x^2 + (10{,}5 \text{ cm})^2 = (17{,}5 \text{ cm})^2$
$\quad\quad x^2 = (17{,}5 \text{ cm})^2 - (10{,}5 \text{ cm})^2$
$\quad\quad x = 14 \text{ cm}$

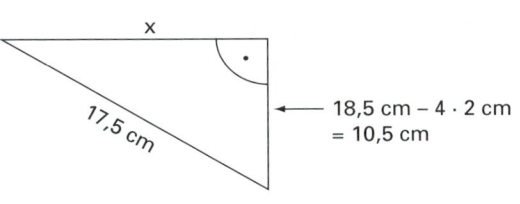

18,5 cm – 4 · 2 cm = 10,5 cm

Berechnung der Gesamtfläche:

$A = 2 \cdot A_1 + 2 \cdot A_2 + 4 \cdot A_3$

$A_1 = 22 \text{ cm} \cdot 2 \text{ cm}$
$A_1 = 44 \text{ cm}^2$

$A_2 = 10{,}5 \text{ cm} \cdot 2 \text{ cm}$
$A_2 = 21 \text{ cm}^2$

$A_3 = 2 \text{ cm} \cdot 2 \text{ cm}$
$A_3 = 4 \text{ cm}^2$

$A = 2 \cdot 44 \text{ cm}^2 + 2 \cdot 21 \text{ cm}^2 + 4 \cdot 4 \text{ cm}^2$
$A = 146 \text{ cm}^2$

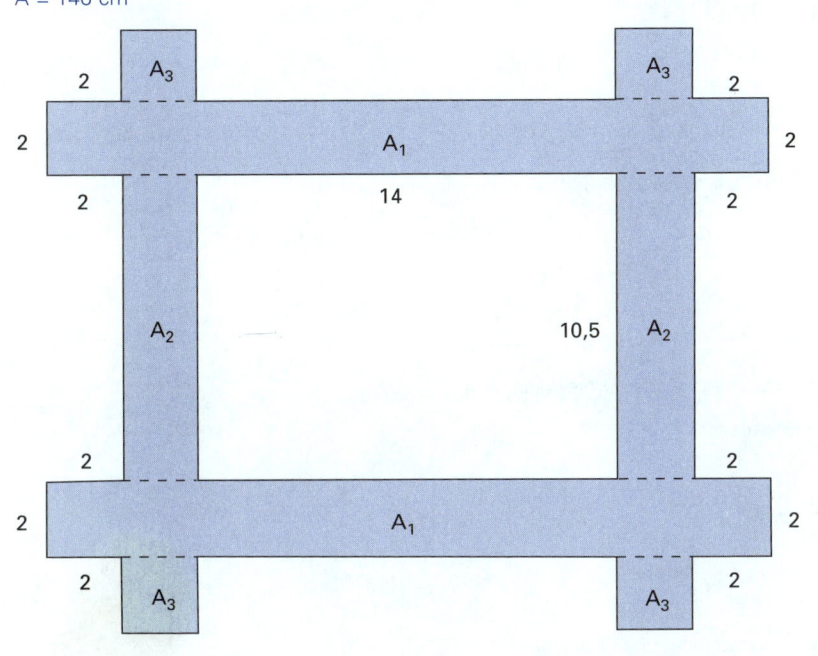

◢ Lösungen: Mathe-Prüfung 2007 – B

Aufgabe 4

a) 80 kg = 80 000 g

Für 50 g Butter benötigt man 1 l Milch.

Für 1 g Butter benötigt man $\frac{1}{50}$ l Milch.

Für 80 000 g Butter benötigt man $\frac{1}{50} \cdot 80\,000$ l Milch.

$= 1600$ l Milch

Zur Herstellung von 80 kg Butter braucht man 1600 l Milch.

b) 1 l ≙ 1030 g
1500 l ≙ 1500 · 1030 g = 1 545 000 g

Mit 1500 l Milch können 1 545 000 g Joghurt hergestellt werden.
1 545 000 g : 150 g = 10 300

Man kann 10 300 Becher Joghurt abfüllen.

Aufgabengruppe III

Aufgabe 1

$7{,}04 \cdot (x - 0{,}2 : 0{,}08) - 1{,}225x = -800 \cdot (-0{,}002) + 3x - 0{,}125 \cdot (1 + 8x)$
$\quad 7{,}04 \cdot (x - 2{,}5) - 1{,}225x = 1{,}6 + 3x - 0{,}125 - x$
$\quad\quad 7{,}04x - 17{,}6 - 1{,}225x = 1{,}475 + 2x$
$\quad\quad\quad 5{,}815x - 17{,}6 = 1{,}475 + 2x \quad\quad | -2x$
$\quad\quad\quad 3{,}815x - 17{,}6 = 1{,}475 \quad\quad\quad\quad | + 17{,}6$
$\quad\quad\quad 3{,}815x = 19{,}075 \quad\quad\quad\quad\quad\quad | : 3{,}815$
$\quad\quad\quad\quad x = 5$

Aufgabe 2

Berechnung des Volumens V_D der Dreieckssäule:

$x^2 = (15 \text{ cm})^2 - (9 \text{ cm})^2$
$x = 12 \text{ cm}$

$V_D = \frac{1}{2} \cdot 12 \text{ cm} \cdot 9 \text{ cm} \cdot 10 \text{ cm}$

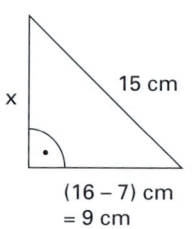

$V_D = 540 \text{ cm}^3$

Berechnung des Volumens V_Q des Quaders:

$V_Q = 16 \text{ cm} \cdot 10 \text{ cm} \cdot 8 \text{ cm}$
$V_Q = 1280 \text{ cm}^3$

Lösungen: Mathe-Prüfung 2007 – B

Berechnung des Volumens V_{HZ} des Halbzylinders:

$V_{HZ} = \frac{1}{2} \cdot (4 \text{ cm})^2 \cdot 3{,}14 \cdot 8 \text{ cm}$

$V_{HZ} = 200{,}96 \text{ cm}^3$

Berechnung des Gesamtvolumens V:

$V = V_D + V_Q - V_{HZ}$

$V = 540 \text{ cm}^3 + 1280 \text{ cm}^3 - 200{,}96 \text{ cm}^3$

$V = 1619{,}04 \text{ cm}^3$

Das Werkstück hat ein Volumen von 1619,04 cm³.

Aufgabe 3

a) $\quad 100\% \triangleq 2100$ €

$\quad\quad 1\% \triangleq \frac{2100}{100}$ €

$\quad\quad 8{,}5\% \triangleq \frac{2100 \cdot 8{,}5}{100}$ € = 178,50 € Zinsen pro Jahr

$\quad\quad\quad\quad\quad \Rightarrow$ in 8 Monaten $\frac{2}{3} \cdot 178{,}50$ € = 119 €

$\quad\quad 2{,}75\% \triangleq \frac{2100 \cdot 2{,}75}{100}$ € = 57,75 € Bearbeitungsgebühr

$\quad\quad 2100$ € + 119 € + 57,75 € = 2276,75 €

Herr Haller muss insgesamt 2276,75 € an die Bank bezahlen.

b) $\quad 70\% \triangleq 126$ €

$\quad\quad 100\% \triangleq \frac{126 \cdot 100}{70}$ € = 180 €

Der ursprüngliche Ladenpreis des Helms betrug 180 €.

Aufgabe 4

Berechnung des halben Zylindermantels:

$M = \frac{1}{2} \cdot 2 \cdot r \cdot 3{,}14 \cdot h \quad\quad\quad r = 30 \text{ m} \quad\quad h = 110 \text{ m}$

$M = \frac{1}{2} \cdot 2 \cdot 30 \text{ m} \cdot 3{,}14 \cdot 110 \text{ m}$

$M = 10\,362 \text{ m}^2$

Berechnung des Preises:

$10\,362 \cdot 160$ € = 1 657 920 €

Die genehmigten 1,5 Mio. Euro reichen nicht aus.

Lösungen: Mathe-Prüfung 2008 – A

Teil A

Aufgabe 1

Es sind ⬚3⬚ verschiedene Flächen.

Fläche I: [10 cm × 3 cm] Insgesamt 4-mal

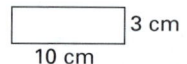

Fläche II: [10 cm × 6 cm] Insgesamt 2-mal

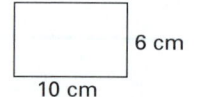

Fläche III: [L-Form, 6 cm, 3 cm, 3 cm, 6 cm] Insgesamt 2-mal

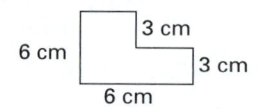

Aufgabe 2

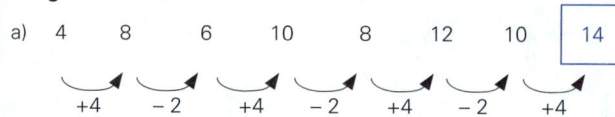

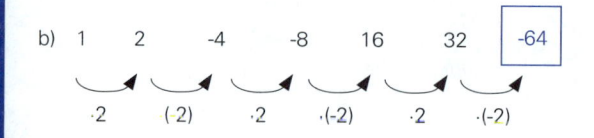

a) 4   8   6   10   8   12   10   ⬚14⬚

   +4 −2 +4 −2 +4 −2 +4

b) 1   2   -4   -8   16   32   ⬚-64⬚

   ·2 ·(-2) ·2 ·(-2) ·2 ·(-2)

Aufgabe 3

Richtig ist c)
1,25 h = 75 min

Aufgabe 4

Die Fläche setzt sich zusammen aus einem Quadrat mit der Seitenlänge
a = 4 cm und vier Halbkreisen (= zwei Kreise) mit dem Radius r = 2 cm.

$A = A_Q + 2 \cdot A_K$
  $A_Q = 4 \text{ cm} \cdot 4 \text{ cm}$ $A_K = (2 \text{ cm})^2 \cdot \pi$
  $A_Q = 16 \text{ cm}^2$ $A_K = 4 \text{ cm}^2 \cdot 3$
                                                $A_K = 12 \text{ cm}^2$

$A = 16 \text{ cm}^2 + 2 \cdot 12 \text{ cm}^2$
$A = 40 \text{ cm}^2$

Lösungen: Mathe-Prüfung 2008 – A

Aufgabe 5

43 000 000 € ≙ 430 000 Scheine zu 100 €
　　　　　　　↓ · 2
　　　　　　860 000 Scheine zu　50 €

860 000 = $8{,}6 \cdot 10^5$ Scheine zu 50 €

Aufgabe 6

Länge der Paketschnur:
2 · 50 cm + 2 · 10 cm + 2 · 40 cm + 2 · 10 cm
= 100 cm + 20 cm + 80 cm + 20 cm
= 220 cm

220 cm + 10 cm = 230 cm = 2,3 m

Die Paketschnur ist 2,3 m lang.

Aufgabe 7

Das eingezeichnete Dreieck ist gleichseitig, weil alle Winkel das Maß 60° haben.
⇒ r　= 256 dm
⇒ d　= 512 dm

Der Durchmesser beträgt 512 dm.

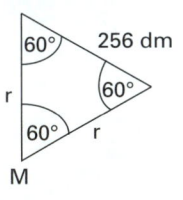

Aufgabe 8

Falsch ist die 3. Zeile:

7x – 24 – 3x = -x – 8

Es muss heißen:

7x – 12 – 3x = -x – 8

Aufgabe 9

1. Januar: Donnerstag.
Jeweils 7 Tage später (8., 15., 22., 29.) ist wieder Donnerstag.
30.1. Freitag, 31.1. Samstag, 1.2. Sonntag.

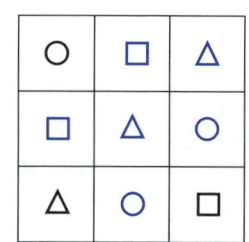

Lösungen: Mathe-Prüfung 2008 – A

Aufgabe 10

Spiel 1   **Spiel 2**

:10 (100% ≙ 60 €) :10   :10 (100% ≙ 40 €) :10
·4 (10% ≙ 6 €) ·4   ·2 (10% ≙ 4 €) ·2
    (40% ≙ 24 €)   (20% ≙ 8 €)

Preisminderung in €: 24 € + 8 € = 32 €

Berechnung der Preisminderung in Prozent:

100 € ≙ 100% (Preis für beide Spiele: 100 €)
 32 € ≙ 32%

Die Preisminderung beträgt 32%.

Aufgabe 11

Das Auto ist etwa 4 m lang.
Der Durchmesser des Sockels beträgt etwa 6 m.

Umfang eines Kreises:
$u = 2 \cdot r \cdot \pi$ $r = 3\,m$ $\pi = 3$
$u = 2 \cdot 3\,m \cdot 3$
$u = 18\,m$

Der Umfang beträgt etwa 18 m.

Aufgabe 12

○	□	△
□	△	○
△	○	□

Teil B

Aufgabengruppe I

Aufgabe 1

Breite b: x   Länge a: 3x   Höhe c: 6x

Jede Kante kommt 4-mal vor:
$$x \cdot 4 + 3x \cdot 4 + 6x \cdot 4 = 140$$
$$4x + 12x + 24x = 140$$
$$40x = 140 \qquad | : 40$$
$$x = 3{,}5$$

$c = 6 \cdot 3{,}5$
$c = 21$

Der Quader ist 21 cm hoch.

Aufgabe 2

$A = A_{Kreis} + 2 \cdot A_{Rechteck\ 1} + A_{Rechteck\ 2} + 2 \cdot A_{Parallelogramm}$

$A_{Kreis} = (2{,}5\ cm)^2 \cdot 3{,}14$
$A_{Kreis} = 19{,}625\ cm^2$

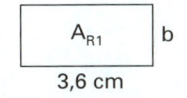

[Rechteck A_{R1}, Breite b, Länge 3,6 cm]

Zur Berechnung der Seitenlänge b muss mit dem Satz des Pythagoras die Höhe des unteren Dreiecks berechnet werden. Die Höhe dieses Dreiecks ist auch die Höhe der beiden Parallelogramme.

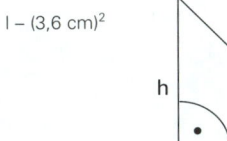

$h^2 + (3{,}6\ cm)^2 = (6\ cm)^2 \qquad | - (3{,}6\ cm)^2$
$\qquad h^2 = (6\ cm)^2 - (3{,}6\ cm)^2$
$\qquad h^2 = 23{,}04\ cm^2$
$\qquad h = 4{,}8\ cm$

Lösungen: Mathe-Prüfung 2008 – B

Jetzt kann b berechnet werden:
b = 12,5 cm – 6 cm – 4,8 cm
b = 1,7 cm

$A_{Rechteck\ 1}$ = 3,6 cm · 1,7 cm

$A_{Rechteck\ 1}$ = 6,12 cm²

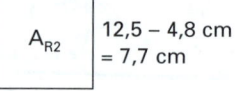

A_{R2} | 12,5 – 4,8 cm
        | = 7,7 cm

5 cm

$A_{Rechteck\ 2}$ = 5 cm · 7,7 cm

$A_{Rechteck\ 2}$ = 38,5 cm²

$A_{Parallelogramm}$ = 2,5 cm · 4,8 cm

$A_{Parallelogramm}$ = 12 cm²

A = 19,625 cm² + 2 · 6,12 cm² + 38,5 cm² + 2 · 12 cm²
A = 94,365 cm²

Lösungen: Mathe-Prüfung 2008 – B

Aufgabe 3

Hinweis zur Konstruktion des Sechsecks

Die Seiten des Sechsecks und der Radius des Kreises müssen gleich lang sein!

Aufgabe 4

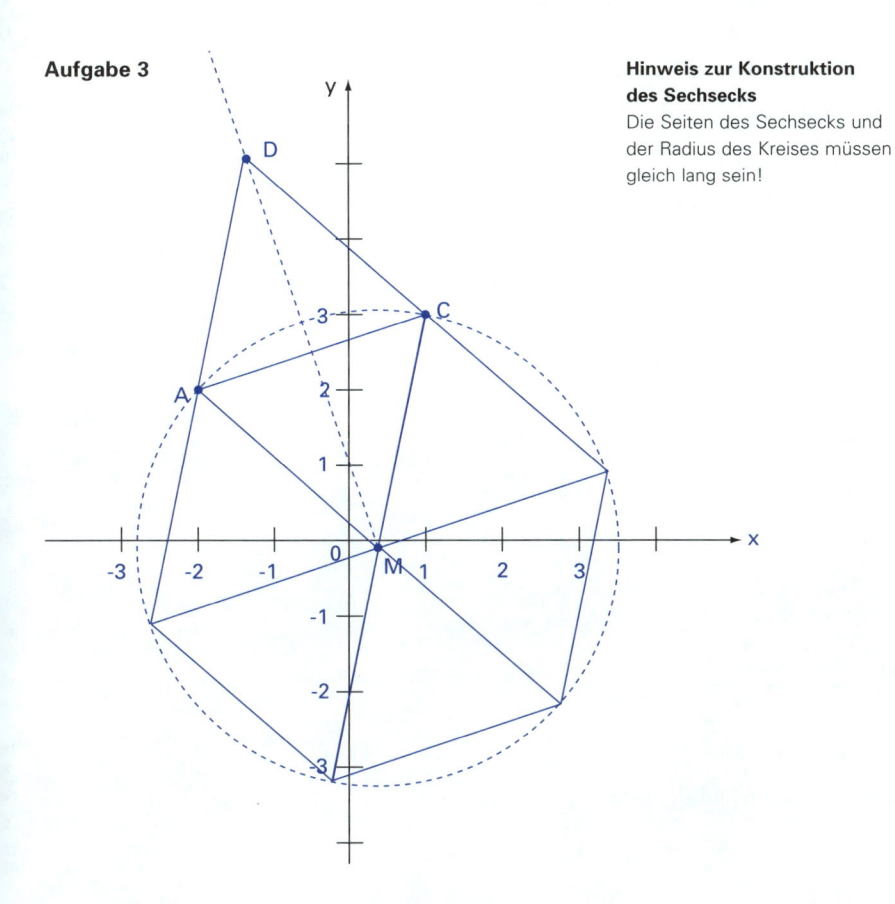

a) Zinsen bei der Bank A:

I. Möglichkeit (mit der Formel)

$Z = \dfrac{K \cdot p \cdot m}{100 \cdot 12}$ Zinsformel

$Z = \dfrac{3000 \, € \cdot 2 \cdot 9}{100 \cdot 12}$

$Z = 45 \, €$

Lösungen: Mathe-Prüfung 2008 – B

II. Möglichkeit (mit dem Dreisatz)

100 % ≙ 3000 €
   1 % ≙ 30 €
   2 % ≙ 60 € für ein Jahr

60 € · $\frac{9}{12}$ = 45 € für 9 Monate

Zinsen bei der Bank B:
In den ersten 6 Monaten (1 %):
3 · 1 € · 6 = 18 €

Zinsen in den letzten 3 Monaten (2 %):
3 · 2 € · 3 = 18 €
⇒   36 € in 6 Monaten
45 € – 36 € = 9 €

Bei der Bank A würde er 9 € mehr erhalten.

b) Formel: $Z = \frac{K \cdot p}{100}$ | · 100

            100 · Z = K · p | : K

                  $p = \frac{100 \cdot Z}{K}$

                  $p = \frac{100 \cdot 54\,€}{3000\,€}$

                  p = 1,8

Er würde 1,8 % Zinsen erhalten.

Aufgabengruppe II

Aufgabe 1

$\frac{2x + 8}{4} - \frac{1}{2}(7x - 24) = 3 \cdot \frac{4x - 1}{2} - (2x - 1{,}5)$

$\frac{1}{2}x + 2 - 3{,}5x + 12 = 1{,}5(4x - 1) - 2x + 1{,}5$

       -3x + 14 = 6x - 1,5 - 2x + 1,5
       -3x + 14 = 4x | + 3x
             14 = 7x | : 7
              x = 2

Aufgabe 2

$V_{Würfel}$ = 20 cm · 20 cm · 20 cm

$V_{Würfel}$ = 8000 cm³

Höhe des Kegels: h = 20 cm

$V_{Kegel} = \frac{1}{3} r^2 \pi \cdot h$

I. Möglichkeit

$8000 \text{ cm}^3 = \frac{1}{3} \cdot r^2 \cdot 3{,}14 \cdot 20 \text{ cm}$ | · 3

$24\,000 \text{ cm}^3 = r^2 \cdot 3{,}14 \cdot 20 \text{ cm}$ | : (3,14 · 20 cm)

$\frac{24\,000 \text{ cm}^3}{3{,}14 \cdot 20 \text{ cm}} = r^2$

$\qquad r^2 = 382{,}17 \text{ cm}^2$ | $\sqrt{}$
$\qquad r = 19{,}55 \text{ cm}$

⇒   d = 39,1 cm

II. Möglichkeit

$V = \frac{1}{3} r^2 \pi \cdot h$ | · 3

$3V = r^2 \pi \cdot h$ | : πh

$\frac{3 \cdot V}{\pi \cdot h} = r^2$ | $\sqrt{}$

$\qquad r = \sqrt{\frac{3 \cdot V}{\pi \cdot h}}$

$\qquad r = \sqrt{\frac{3 \cdot 8000 \text{ cm}^3}{3{,}14 \cdot 20 \text{ cm}}}$

$\qquad r = 19{,}5 \text{ cm}$
$\qquad d = 2 \cdot 19{,}5 \text{ cm}$

⇒ d = 39 cm

Aufgabe 3

a)   100% ≙ 25 000 €

      92% ≙ $\frac{25\,000 \text{ €} \cdot 92}{100}$

          = 23 000 €

      Frau Keller bezahlt 23 000 €.

Lösungen: Mathe-Prüfung 2008 – B

b)   100% ≙ 23 000 €

    60% ≙ $\dfrac{23\,000\,€ \cdot 60}{100}$

        = 13 800 €

Frau Keller verkauft ihr Auto für 13 800 €.

Aufgabe 4

Das Fünfeck besteht aus fünf gleichgroßen Dreiecken.

Berechnung der Dreiecksfläche

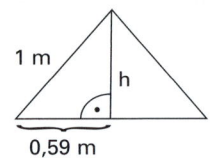

$h^2 = (1\,m)^2 - (0{,}59\,m)^2$
$h = 0{,}81\,m$

$A_\triangle = \dfrac{1}{2} \cdot 1{,}18\,m \cdot 0{,}81\,m$

$A_\triangle = 0{,}4779\,m^2$

Berechnung der Fünfecksfläche

$A = 5 \cdot 0{,}4779\,m^2$
$A = 2{,}39\,m^2$

Die Seitenflächen sind fünf Rechtecke:
$A_R = 1{,}18\,m \cdot 0{,}5\,m$
$A_R = 0{,}59\,m^2$

Alle Seitenflächen:
$A_S = 5 \cdot 0{,}59\,m^2$
$A_S = 2{,}95\,m^2$

Bei einer Sitzgelegenheit müssen gestrichen werden:
$A_1 = 2{,}39\,m^2 + 2{,}95\,m^2$
$A_1 = 5{,}34\,m^2$

Streichfläche bei allen 9 Sitzgelegenheiten:
$A = 9 \cdot 5{,}34\,m^2$
$A = 48{,}06\,m^2$

Aufgabengruppe III

Aufgabe 1

$$
\begin{aligned}
0{,}75 \cdot (42{,}76 + 8{,}48x) - 4{,}2 \cdot (0{,}75 - 0{,}6x) &= (-3{,}4x - 0{,}6) \cdot 1{,}8 \\
32{,}07 + 6{,}36x - 3{,}15 + 2{,}52x &= -6{,}12x - 1{,}08 \\
8{,}88x + 28{,}92 &= -6{,}12x - 1{,}08 \quad\bigg|\begin{array}{l}+ 6{,}12x \\ - 28{,}92\end{array} \\
15x &= -30 \quad\big| : 15 \\
x &= -2
\end{aligned}
$$

Aufgabe 2

a) 21,6 Mrd t ≙ 100 %
    5,7 Mrd t ≙ x %

$x = \dfrac{5{,}7 \cdot 100}{21{,}6}$

$x = 26{,}39\,\%$

$$
\begin{array}{r}
27{,}3 \\
- 21{,}6 \\ \hline
5{,}7
\end{array}
$$

Der CO_2-Ausstoß nahm etwa 26 % zu.

b) 208 % ≙ 4770 Mio t

   100 % ≙ $\dfrac{4770 \cdot 100}{208}$ Mio t

       = 2293,27 Mio t

Der CO_2-Ausstoß betrug 1990 in China etwa 2293 Mio t.

c) 84 % ≙ 865 Mio t

   100 % ≙ $\dfrac{865 \cdot 100}{84}$ Mio t

       = 1029,76 Mio t
       ≈ 1030 Mio t

$$
\begin{array}{r}
1030 \\
- \;\;865 \\ \hline
165
\end{array}
$$

In Deutschland wurden 2005 165 Mio t weniger CO_2 ausgestoßen als 1990.

Lösungen: Mathe-Prüfung 2008 – B

Aufgabe 3

$A_{Kreis} = r^2 \pi$

$78{,}5 \text{ cm}^2 = r^2 \cdot 3{,}14$

$\quad r^2 = \dfrac{78{,}5 \text{ cm}^2}{3{,}14}$

$\quad r = \sqrt{\dfrac{78{,}5 \text{ cm}^2}{3{,}14}}$

$\quad r = 5 \text{ cm}$

Berechnung des Flächeninhalts des Quadrates

$A_Q = a^2$

$a^2 + a^2 = (10 \text{ cm})^2$
$\quad 2a^2 = 100 \text{ cm}^2 \qquad \qquad |:2$
$\quad\; a^2 = 50 \text{ cm}^2 \Rightarrow \quad A_Q = 50 \text{ cm}^2$

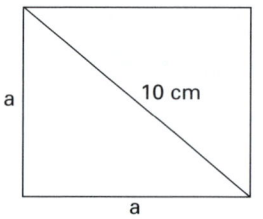

Berechnung der eingefärbten Fläche

$A = 78{,}5 \text{ cm}^2 - 50 \text{ cm}^2$
$A = 28{,}5 \text{ cm}^2$

Aufgabe 4

a) $4\,500\,000 : 250 = 18\,000$

Pro Haushalt stehen 18 000 Liter zur Verfügung.

b)

Dürretage	30	60	90	120
Wassermenge pro Haushalt	600 l	300 l	200 l	150 l

↑
z. B.: 18 000 : 30 = 600

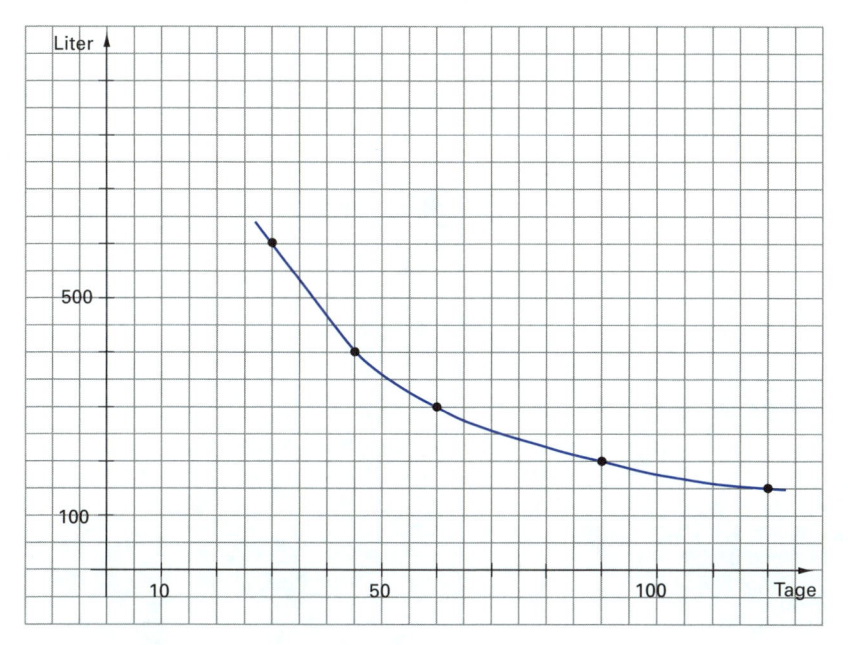

c)

Lösungen: Mathe-Prüfung 2009 – A

Teil A

Aufgabe 1

Die dargestellte Fläche ergibt einen Kreis und ein kleines Quadrat mit der Seitenlänge 1 cm.

$A_K = (3 \text{ cm})^2 \cdot 3$
$A_K = 27 \text{ cm}^2$　　　　　　　$\boxed{A_K = r^2 \cdot \pi}$

$A_Q = 1 \text{ cm} \cdot 1 \text{ cm}$　　　　　$\boxed{A_Q = a^2}$
$A_Q = 1 \text{ cm}^2$

$A = 27 \text{ cm}^2 + 1 \text{ cm}^2$
$A = 28 \text{ cm}^2$

Der Flächeninhalt beträgt 28 cm².

Aufgabe 2

Alter Frau Heinrich:　　x
Alter Herr Heinrich:　　x + 3

$x + x + 3 = 91$
　$2x + 3 = 91$　　　| – 3
　　　$2x = 88$　　　| : 2
　　　　$x = 44$　　　　　　　　　$44 + 5 = 49$

In 5 Jahren ist Frau Heinrich 49 Jahre alt.

Aufgabe 3

a)　5　　20　　10　　40　　20　　80　　$\boxed{40}$
　　　· 4　　: 2　　· 4　　: 2　　· 4　　: 2

b)　3　　-6　　-1　　2　　7　　-14　　$\boxed{-9}$
　　　· (-2)　+ 5　· (-2)　+ 5　· (-2)　+ 5

Aufgabe 4

Richtig ist:　$0{,}04 \cdot 10^2 = 4$
　　　　　　　$0{,}04 \cdot 100 = 4$
　　　　　　　　　　　$4 = 4$

Lösungen: Mathe-Prüfung 2009 – A

Aufgabe 5

Innen dürfen 8 Würfel fehlen.

Aufgabe 6

$A_D = \dfrac{g \cdot h}{2} \qquad |\cdot 2$

$2 \cdot A_D = g \cdot h \qquad |:g$

$h = \dfrac{2 \cdot A_D}{g}$

Aufgabe 7

Spielfelder insgesamt: 32
Nicht belegte Felder: 8

I. Möglichkeit

Dreisatz:

$$\begin{array}{rl} :32 & \begin{array}{l} 32 \text{ Felder} \triangleq 100\% \\ 1 \text{ Feld} \triangleq \dfrac{100}{32}\% \\ 8 \text{ Felder} \triangleq \dfrac{100 \cdot \overset{1}{8}}{\underset{4}{32}}\% \end{array} \begin{array}{l} :32 \\ \cdot 8 \end{array} \\ & = 25\% \end{array}$$

II. Möglichkeit

Darstellung mit Bruch:

8 von 32 bedeutet: $\quad \dfrac{8}{32} = \dfrac{1}{4} = \dfrac{25}{100} = 25\%$

kürzen

25% sind nicht mit Spielsteinen belegt.

Aufgabe 8

a) Buchstabe A   b) Buchstabe R

Lösungen: Mathe-Prüfung 2009 – A

Aufgabe 9

$0,75\ l = \frac{3}{4}\ l$

$\frac{3}{4}\ l$ auf den Nenner 8 erweitern: $\frac{6}{8}\ l$

$\frac{1}{8}\ l$ ergibt eine Tasse Kaffee.

$\frac{6}{8}\ l$ ergeben 6 Tassen Kaffee.

Aufgabe 10

($\boxed{-7}$ x – 5) · 3 = -21x – 15

$\boxed{}$ · 3 muss -21 ergeben ⇒ $\boxed{-7}$ · 3 = -21

Aufgabe 11

Man teilt die Abbildung in 4 gleichgroße Felder auf:

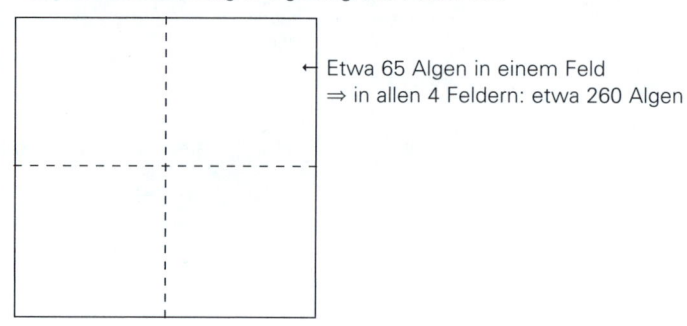

← Etwa 65 Algen in einem Feld
⇒ in allen 4 Feldern: etwa 260 Algen

⇒ Auf einem Quadratmillimeter sind etwa 260 Algen
  $1\ cm^2 = 100\ mm^2$
⇒ 260 · 100 = 26 000

Auf 1 cm^2 befinden sich etwa 26 000 Algen.

Lösungen: Mathe-Prüfung 2009 – A

Aufgabe 12

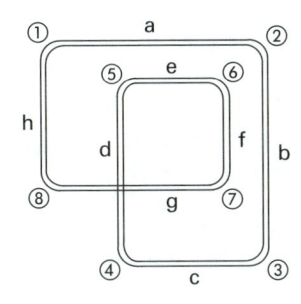

1 Kästchen ≙ 20 cm

Gerade Strecken:
a = 4 · 20 cm =   80 cm
b = 4 · 20 cm =   80 cm
c = 2 · 20 cm =   40 cm
d = 3 · 20 cm =   60 cm
e = 1 · 20 cm =   20 cm
f = 1 · 20 cm =   20 cm
g = 3 · 20 cm =   60 cm
h = 2 · 20 cm =   40 cm
                            400 cm

8 Viertelkreise = 2 Vollkreise
r = 20 cm

Umfang: $u = 2 \, r\pi$

u_{Kreis} = 2 · 20 cm · 3 = 120 cm

400 cm + 2 · 120 cm = 640 cm   100 cm = 1 m

Es wurden 6,40 m Schienen verwendet.

◢ Lösungen: Mathe-Prüfung 2009 – B

Teil B

Aufgabengruppe I

Aufgabe 1

$(27x + 19{,}2) : 6 - 8{,}25 = 0{,}8 \, (10 + 0{,}5x) - (3x - 6) : 4$ ⎫ Klammern auflösen
$\quad 4{,}5x + 3{,}2 - 8{,}25 = 8 + 0{,}4x - 0{,}75x + 1{,}5$ ⎬ Zusammenfassen
$\quad\quad 4{,}5x - 5{,}05 = 9{,}5 - 0{,}35x \quad\quad | + 0{,}35x$ ⎭
$\quad\quad 4{,}85x - 5{,}05 = 9{,}5 \quad\quad\quad\quad\quad | + 5{,}05$
$\quad\quad\quad 4{,}85x = 14{,}55 \quad\quad\quad\quad\quad | : 4{,}85$
$\quad\quad\quad\quad\quad x = 3$

Aufgabe 2

Der Körper setzt sich aus einem Quader und einem Prisma zusammen. Beim Quader werden die beiden Grundflächen nicht gestrichen und beim Prisma wird die Fläche nicht gestrichen, die auf der Deckfläche des Quaders liegt.

Mantel des Quaders:
$A_M = 4 \cdot 12 \text{ cm} \cdot 120 \text{ cm}$
$A_M = 5760 \text{ cm}^2$

Flächen beim Prisma

Schräge Fläche:
$A_1 = 12 \text{ cm} \cdot 10 \text{ cm}$
$A_1 = 120 \text{ cm}^2$

Dreieckige Fläche:
$A_2 = \dfrac{12 \text{ cm} \cdot 8 \text{ cm}}{2}$
$A_2 = 48 \text{ cm}^2$

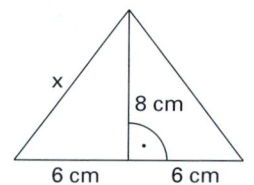

$x^2 = (6 \text{ cm})^2 + (8 \text{ cm})^2$
$x^2 = 100 \text{ cm}^2$
$x \ = 10 \text{ cm}$

$O = A_M + 2 \cdot A_1 \cdot 2 \cdot A_2$
$O = 5760 \text{ cm}^2 + 2 \cdot 120 \text{ cm}^2 + 2 \cdot 48 \text{ cm}^2$
$O = 6096 \text{ cm}^2 \triangleq$ Oberfläche eines Pfostens

$O_{Gesamt} = 35 \cdot 6096 \text{ cm}^2$
$O_{Gesamt} = 213\,360 \text{ cm}^2 \quad\quad\quad 10\,000 \text{ cm}^2 = 1 \text{ m}^2$
$O_{Gesamt} = 21{,}34 \text{ m}^2$

Es müssen 21,34 m² gestrichen werden.

Aufgabe 3

a) Berechnung des Restbetrages:
489,99 € – 285 € = 204,99 €

$$Z = \frac{K \cdot p \cdot t}{100 \cdot 360}$$

$$Z = \frac{204{,}99\ € \cdot 14{,}75 \cdot 87}{100 \cdot 360}$$

Z = 7,31 €

Gesamtkosten: 489,99 € + 7,31 € = 497,30 €

Das Scheren-Set würde 497,30 € kosten.

b) Berechnung des Kaufpreises:
43,72 € · 12 = 524,64 €

Kosten beim Internetkauf:
524,64 € + 5,95 € = 530,59 €

530,59 € – 497,30 € = 33,29 €

Er würde beim günstigeren Angebot (Fachhandel) 33,29 € sparen.

Lösungen: Mathe-Prüfung 2009 – B

Aufgabe 4

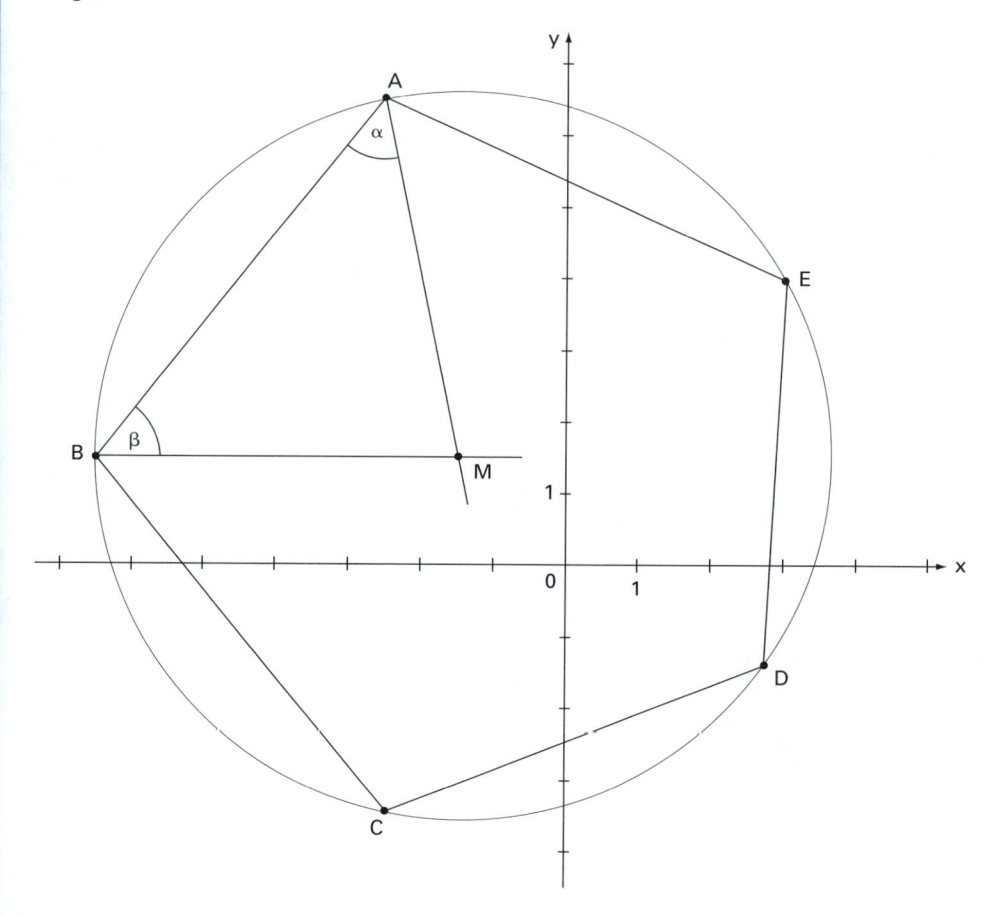

Konstruktionsbeschreibung
- Zeichnen der Punkte A und B
- Winkel AMB hat das Maß 360° : 5 = 72°
- Die Basiswinkel bei A und B haben das Maß (180° − 72°) : 2 = 54°
- Bei A und B die Winkel α = β = 54° antragen
- Die Schenkel der Winkel schneiden sich im Punkt M
- Einen Kreis um M mit dem Radius r = $\overline{MA}$ zeichnen
- Von A aus 3-mal die Strecken $\overline{AB}$ mit dem Zirkel antragen. Die Schnittpunkte mit dem Kreis ergeben die fehlenden Punkte E, D, C des Fünfecks ABCDE.

Lösungen: Mathe-Prüfung 2009 – B

Aufgabengruppe II

Aufgabe 1

$6x - \dfrac{8 \cdot (x-5)}{4} = 3 \cdot (x+6) + \dfrac{1}{2} x$

$6x - 2(x-5) = 3(x+6) + \dfrac{1}{2} x$ ⟩ Klammern auflösen

$6x - 2x + 10 = 3x + 18 + \dfrac{1}{2} x$ ⟩ Zusammenfassen

$4x + 10 = 3{,}5x + 18$ | $-3{,}5x$

$0{,}5x + 10 = 18$ | -10

$0{,}5x = 8$ | $: 0{,}5$

$x = 16$

Aufgabe 2

Mantelfläche des Zylinders 64 cm².

$$M_Z = 2r\pi \cdot h$$

$64 \text{ cm}^2 = 2 \cdot r \cdot 3{,}14 \cdot 4{,}5 \text{ cm}$
$64 \text{ cm}^2 = 28{,}26 \text{ cm} \cdot r$ | $: 28{,}26 \text{ cm}$
$r = 2{,}3 \text{ cm}$

Grundfläche des Zylinders:

$$A_G = r^2 \pi$$

$A_G = r^2 \cdot 3{,}14$
$A_G = (2{,}3 \text{ cm})^2 \cdot 3{,}14$
$A_G = 16{,}6 \text{ cm}^2$

⇒ Flächeninhalt einer Seitenfläche des Würfels: $A_Q = 16{,}6 \text{ cm}^2$

$$A_Q = a^2$$

⇒ $a^2 = 16{,}6 \text{ cm}^2$ | $\sqrt{}$
$a = 4{,}1 \text{ cm}$

Die Seitenkante ist 4,1 cm lang.

◀ **Lösungen: Mathe-Prüfung 2009 – B**

Aufgabe 3

a) Kosten der Fahrstunden:
784 € + 135 € + 135 € + 225 € = 1279 €

I. Möglichkeit

Dreisatz:
1485 € ≙ 100%

$1 \text{ €} ≙ \frac{100}{1485} \%$

$1279 \text{ €} = \frac{100 \cdot 1279}{1485} \% = 86,13\%$

II. Möglichkeit

Darstellung mit Bruch:

$\frac{1279}{1485} = 0,8613 = \frac{8613}{10\,000} = \frac{86,13}{100} = 86,13\%$

Der Anteil der Kosten für Fahrstunden beträgt 86,13%.

b) Berechnung der Umsatzsteuer (1): 19%
1485 € − 55 € = 1430 €

1430 € wurden mit 19% Umsatzsteuer berechnet.
119% ≙ 1430 €

$19\% = \frac{1430 \text{ €} \cdot 19}{119} = 228,32 \text{ €}$

Berechnung der Umsatzsteuer (2): 7%
107% ≙ 55 €

$7\% = \frac{55 \text{ €} \cdot 7}{107} = 3,60 \text{ €}$

Berechnung der gesamten Umsatzsteuer:
228,32 € + 3,60 € = 231,92 €

Im Rechnungsbetrag sind insgesamt 231,92 € Umsatzsteuer enthalten.

Aufgabe 4

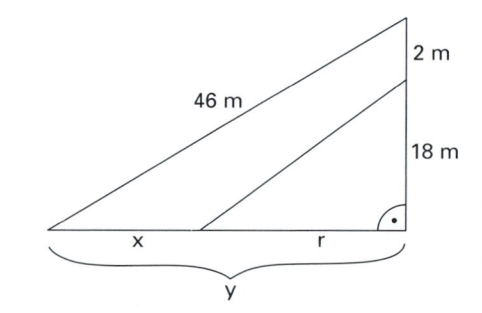

Berechnung von r:

$V = \frac{1}{3} r^2 \pi \cdot h$

$4200 \text{ m}^3 = \frac{1}{3} r^2 \cdot 3,14 \cdot 18 \text{ m}$

$4200 \text{ m}^3 = 18,84 \text{ m} \cdot r^2$ | : 18,84 m
$221,75 \text{ m}^2 = r^2$ | $\sqrt{}$
$r = 14,89 \text{ m}$

Berechnung von y:

Nach dem Satz des **Pythagoras** gilt:
$y^2 + (20\text{ m})^2 = (46\text{ m})^2$
$y^2 + 400\text{ m}^2 = 2160\text{ m}^2 \qquad | -400\text{ m}^2$
$\qquad\quad y^2 = 1716\text{ m}^2 \qquad\quad |\sqrt{}$
$\qquad\quad\; y = 41{,}42\text{ m}$

Berechnung von x:
$x = y - r$
$x = 41{,}42\text{ m} - 14{,}89\text{ m}$
$x = 26{,}53\text{ m}$

Der Abstand beträgt 26,53 m.

Aufgabengruppe III

Aufgabe 1

Anzahl der Stimmen Herr Sauer: $\qquad$ x
Anzahl der Stimmen Frau Artner: $\qquad$ x − 12
Anzahl der Stimmen Herr Grünwald: $\quad \frac{x}{4} + 33$
Restliche Stimmen: $\qquad\qquad\qquad\quad$ 14

Ansatz: $x + x - 12 + \frac{x}{4} + 33 + 14 = 98$

$\qquad\qquad\qquad 2{,}25x + 35 = 98 \qquad | -35$
$\qquad\qquad\qquad\quad\;\; 2{,}25x = 63 \qquad | :2{,}25$
$\qquad\qquad\qquad\qquad\quad\; x = 28$

Anzahl der Stimmen: Herr Sauer $\quad$ 28
$\qquad\qquad\qquad\qquad$ Frau Artner $\quad$ 16
$\qquad\qquad\qquad\qquad$ Herr Grünwald $\;$ 40
$\qquad\qquad\qquad\qquad$ Rest $\qquad\qquad\;\;\underline{14}$
$\qquad\qquad\qquad\qquad\qquad\qquad\quad\;\; 98$

Herr Grünwald erhielt die meisten Stimmen: 40.

Aufgabe 2

a) 109,5 SKE − 106,6 SKE = 2,9 SKE Mehrverbrauch
$\quad$ 106,6 SKE ≙ 100 %

$\qquad$ 2,9 SKE ≙ $\frac{100 \cdot 2{,}9}{106{,}6}$ % = 2,7 %

$\quad$ Es wurden 2,7 % mehr verbraucht.

b) **I. Möglichkeit**

Dreisatz:
105,7% ≙ 55,3 SKE

1% ≙ $\frac{55,3}{105,7}$ SKE

100% ≙ $\frac{55,3 \cdot 100}{105,7}$ SKE = 52,3 SKE

II. Möglichkeit

Formel:

$$\boxed{GW = \frac{PW \cdot 100}{p}}$$ PW = 55,3 SKE p = 105,7

$GW = \frac{55,3 \text{ SKE} \cdot 100}{105,7}$

GW = 52,3 SKE

2007 wurden 52,3 Millionen SKE Kernenergie verbraucht.

c) Mineralöl: 34,6% ≙ 34,6 : 5 = 6,92 cm ≈ 6,9 cm
   Kohle: 24,3% ≙ 24,3 : 5 = 4,86 cm ≈ 4,9 cm
   Erdgas: 22,8% ≙ 22,8 : 5 = 4,56 cm ≈ 4,6 cm

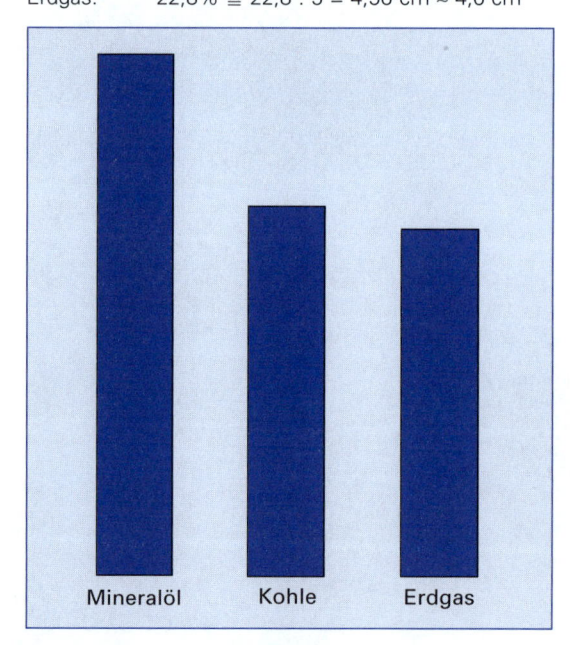

Aufgabe 3

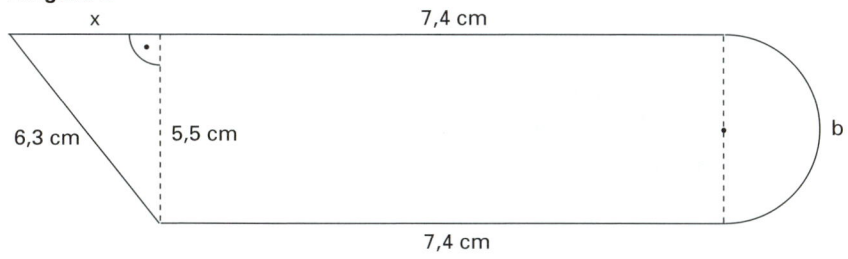

[Figur: Trapez mit Halbkreis; Maße: x, 7,4 cm, 6,3 cm, 5,5 cm, b, 7,4 cm]

$u = 7{,}4 \text{ cm} + b + 7{,}4 \text{ cm} + x + 6{,}3 \text{ cm}$

x kann mit dem **Satz des Pythagoras** berechnet werden.

$$x^2 + (5{,}5 \text{ cm})^2 = (6{,}3 \text{ cm})^2 \qquad | - (5{,}5 \text{ cm}^2)$$
$$x^2 = (6{,}3 \text{ cm})^2 - (5{,}5 \text{ cm})^2$$
$$x^2 = 9{,}44 \text{ cm}^2 \qquad | \sqrt{}$$
$$x = 3{,}1 \text{ cm}$$

b ist der halbe Umfang eines Kreises mit r = 2,75 cm

$$u = 2r\pi$$

$b = \frac{1}{2} \cdot 2 \cdot 2{,}75 \text{ cm} \cdot 3{,}14$

$b = 8{,}6 \text{ cm}$

Jetzt kann der Umfang der Figur berechnet werden.
$u = 7{,}4 \text{ cm} + 8{,}6 \text{ cm} + 7{,}4 \text{ cm} + 3{,}1 \text{ cm} + 6{,}3 \text{ cm}$
$u = 32{,}8 \text{ cm}$

Die Figur hat einen Umfang von 32,8 cm.

Aufgabe 4

a) Eine Maschine in einer Stunde: 26 Buttons
Sechs Maschinen in einer Stunde: 6 · 26 Buttons = 156 Buttons
546 : 156 = 3,5

Sechs Maschinen brauchen 3,5 Stunden.

b)

Anzahl der Button-Maschinen	x = 1	3	5
Stunden	21	7	y = 4,2

Es liegt eine indirekte Proportionalität („Je mehr, desto weniger") vor.
⇒ Die Zahlenpaare sind produktgleich.

$x \cdot 21 = 3 \cdot 7$ $\qquad\qquad$ $5 \cdot y = 3 \cdot 7$
$x \cdot 21 = 21 \qquad | : 21$ $\qquad$ $5y = 21 \qquad | : 5$
$\quad x = 1$ $\qquad\qquad\qquad\qquad$ $y = 4{,}2$

Lösungen: Mathe-Prüfung 2010 – A

Teil A

Aufgabe 1

Alle Prüfungsteilnehmer entsprechen 100%.
100% – 30% (sehr gut) – 20% (weniger gut) – 10% (eher nicht) – 5% (gar nicht) = 35%

35% der Schüler antworten mit „gut".

Aufgabe 2

25 ist das 2,5-fache von 10.
$\Rightarrow$ 5 Eier · 2,5 = 12,5 Eier

Für 25 Personen braucht man 13 Eier.

Aufgabe 3

$$\frac{15{,}2 + 14{,}8 + 15{,}1 + x}{4} = 15 \qquad | \cdot 4$$
$15{,}2 + 14{,}8 + 15{,}1 + x = 60$
$\qquad\qquad 45{,}1 + x = 60 \qquad |-45{,}1$
$\qquad\qquad\qquad\quad x = 14{,}9$

Xaver muss im 4. Lauf die 100 m in 14,9 Sekunden laufen.

Aufgabe 4

Es kann nicht sein, denn in einem Rechteck haben alle Innenwinkel das Maß 60°.

Aufgabe 5

24 min = 24 min   0,3 h = 18 min
24 min + 18 min = 42 min
420 s = 7 min
42 min – 7 min = 35 min

Aufgabe 6

I. Möglichkeit

40 m² $\triangleq$ 100%

$1 \text{ m}^2 = \frac{100}{40}$ %

$12 \text{ m}^2 = \frac{100 \cdot 12}{40}$ % = 30%

II. Möglichkeit

$\frac{12}{40} = \frac{3}{10} = 0{,}3 \implies 30\%$

III. Möglichkeit

Formel:

$$p = \frac{PW \cdot 100}{GW}$$

p = Prozentsatz
PW = Prozentwert
GW = Grundwert

$p = \frac{12 \text{ m}^2 \cdot 100}{40 \text{ m}^2}$

$p = 30$

Es können 30% gepflastert werden.

Aufgabe 7

$V = \frac{1}{3} r^2 \pi \cdot h$ Kegelvolumen

Richtig ist B.

Aufgabe 8

Der Fehler ist in der 3. Zeile. Es muss heißen: $V = 1600 \text{ cm}^3$

Aufgabe 9

Annahme: Der Mensch ist 180 cm groß. Dann ist der Schuh auch 180 cm lang. Ein normaler Schuh ist ungefähr 30 cm lang. Ein normaler Schuh würde also 6-mal in den abgebildeten Schuh passen ⇒ Der Mensch müsste dann 6-mal 180 cm groß sein.
6 · 180 cm = 1080 cm

Der Mensch müsste 10,80 m groß sein.

Aufgabe 10

Es gibt folgende Möglichkeiten:

4	3	8
9	5	1
2	7	6

4	9	2
3	5	7
8	1	6

Aufgabe 11

Die Geschwindigkeit ist im 7. Abschnitt am kleinsten, weil dort die geringste Steigung zu erkennen ist.

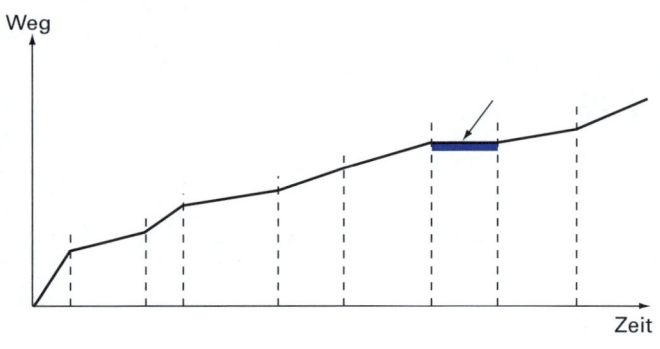

Lösungen: Mathe-Prüfung 2010 – B

Teil B

Aufgabengruppe I

Aufgabe 1

$$8x - \frac{1}{4}(4x + 32) + \frac{1}{2}(8x - 4) + 3 = \frac{1}{8}(48 + 64x) - (10x - 35) \cdot \frac{1}{5}$$

$$8x - x - 8 + 4x - 2 + 3 = 6 + 8x - 2x + 7$$

$$11x - 7 = 6x + 13 \qquad | -6x + 7$$

$$5x = 20 \qquad\qquad | : 5$$

$$x = 4$$

Aufgabe 2

a) 100 % ≙ 209,40 €

122 % ≙ $\frac{209{,}40 \ €}{100} \cdot 122 = 255{,}47 \ €$

Die Selbstkosten betragen 255,47 €.

b) Einnahmen für den Verkauf:
18 · 19,75 € = 355,50 €

Verkaufspreis ohne MwSt.:
107 % ≙ 355,50 €

100 % ≙ $\frac{355{,}50 \cdot 100}{107} \ € = 332{,}24 \ €$

Gewinn: Verkaufspreis – Selbstkosten
332,24 € – 255,47 € = 76,77 €

Er konnte einen Gewinn von 76,77 € erzielen.

Aufgabe 3

Nach dem Satz des Pythagoras gilt:
$a^2 + a^2 = (8{,}49 \ cm)^2$
$\qquad 2a^2 = 72{,}0801 \ cm^2 \qquad | : 2$
$\qquad a^2 = 36{,}04005 \ cm^2 \qquad | \sqrt{\ }$
$\qquad a = 6 \ cm \qquad$ Kantenlänge des Würfels

$\boxed{V = a^3} \Rightarrow \quad V = (6 \ cm)^3$
$\qquad\qquad\qquad V = 216 \ cm^3 \qquad$ Volumen des Würfels

Auf einem Spielwürfel gibt es 1 + 2 + 3 + 4 + 5 + 6 = 21 Punkte
Es werden also 21 kleine Zylinder ausgefräst.

Lösungen: Mathe-Prüfung 2010 – B

$$V_z = r^2 \pi h \qquad \begin{array}{l} r = 6 \text{ mm} \\ h = 3 \text{ mm} \end{array}$$

$V_z = (6 \text{ mm})^2 \cdot \pi \cdot 3 \text{ mm}$
$V_z = 339{,}12 \text{ mm}^3$
$339{,}12 \text{ cm}^3 \cdot 21 = 7121{,}52 \text{ mm}^3$
$\phantom{339{,}12 \text{ cm}^3 \cdot 21} = 7{,}12 \text{ cm}^3$

Volumen des Werkstücks:
$V = 216 \text{ cm}^3 - 7{,}12 \text{ cm}^3$
$V = 208{,}88 \text{ cm}^3$

Das fertige Werkstück hat ein Volumen von 208,88 cm³.

Aufgabe 4

a) $\quad$ 1,5 h = 90 min $\hspace{4cm}$ 90 : 15 = 6

$\quad$ Mountain-Biking: $\quad$ 140 kcal · 6 = 840 kcal
$\quad$ Badminton: $\hspace{1.6cm}$ 94 kcal · 6 = 564 kcal
$\quad$ 840 kcal – 564 kcal = 276 kcal (Differenz)

b) $\quad$ 3,5 h = 210 min $\hspace{3.7cm}$ 210 : 15 = 14

$\quad$ Er verbraucht 14 · 140 kcal = 1960 kcal bei 3,5 h Mountain-Biking.
$\quad$ In einer Stunde Badminton verbraucht er 4 · 94 kcal = 376 kcal
$\quad$ 1960 : 376 = 5,21

$\quad$ Peter müsste 5,21 Stunden Badminton spielen.

Aufgabengruppe II

Aufgabe 1

Preis: x
$19 \cdot x + 2 \cdot \frac{2}{3} x = 2440$

$\hspace{1cm} \frac{57}{3} x + \frac{4}{3} x = 2440$

$\hspace{1.5cm} \frac{61}{3} x = 2440 \qquad | : \frac{61}{3}$

$\hspace{2.2cm} x = 120$

Regulärer Preis: 120 € je Teilnehmer

$\frac{2}{3}$ von 120 € = 80 € müssen bezahlt werden.

⇒ Zuschuss pro Schüler: 120 € – 80 € = 40 €

Der Zuschuss beträgt insgesamt 80 €.

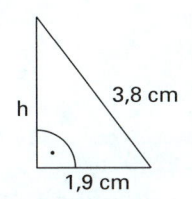

Lösungen: Mathe-Prüfung 2010 – B

Aufgabe 2

a) 5039 – (717 + 470 + 388 + 362 + 305 + 1927) = 870

870 000 Beschäftigte arbeiteten im Bereich Maschinenbau.

b) 100% – 6,5% = 93,5%
93,5% ≙ 470 000 Beschäftigte

100% ≙ $\frac{470\,000 \cdot 100}{93,5}$ Beschäftigte = 503 000 Beschäftigte

2008 arbeiteten 503 000 Beschäftigte im Bereich Metallerzeugnisse.

c) Beschäftigte 2008:   382 000
Beschäftigte 2009:   388 000
⇒ Zunahme: 388 000 – 382 000 = 6000

382 000 Beschäftigte ≙ 100%

6000 Beschäftigte ≙ $\frac{100 \cdot 6000}{382\,000}$ % = 1,57%

Der Zuwachs betrug 1,6%.

Aufgabe 3

Geldanlage A:
3,25% von 10 000 € = 325 €
10 000 € + 325 € = 10 325 €

Geldanlage B:
125 € Zins pro Halbjahr ⇒ 250 € Zinsen pro Jahr

5% ≙ 250 €

100% ≙ $\frac{250 \cdot 100}{5}$ € = 5000 €

5000 € + 250 € = 5250 €

Gesamtbetrag: 10 325 € + 5250 € = 15 575 €

Das Kapital ist auf 15 575 € angewachsen.

Aufgabe 4

Flächeninhalt großes Dreieck:
$h^2 + (1,9\ cm)^2 = (3,8\ cm)^2$ Pythagoras

$h^2 + 3,61\ cm^2 = 14,44\ cm^2$ | – 3,61 cm²
$\quad\quad\quad h^2 = 10,83\ cm^2$ | √
$\quad\quad\quad\ h = 3,29\ cm$

Lösungen: Mathe-Prüfung 2010 – B

$A = \frac{1}{2} \cdot 3{,}8 \text{ cm} \cdot 3{,}29 \text{ cm}$

$A = 6{,}25 \text{ cm}^2$

Der Flächeninhalt des blauen Dreiecks ist der 4. Teil des Flächeninhalts des großen Dreiecks.
$6{,}25 \text{ cm}^2 : 4 = 1{,}56 \text{ cm}^2$

Der Flächeninhalt des blauen Dreiecks beträgt 1,56 cm².

Aufgabengruppe III

Aufgabe 1

$0{,}25 \cdot (27x - 144) - (23 + x) \cdot 2{,}5 = 0{,}7 \,(35 - 10x) - 3{,}5x$
$\qquad 6{,}75x - 36 - 57{,}5 - 2{,}5x = 24{,}5 - 7x - 3{,}5x$
$\qquad\qquad 4{,}25x - 93{,}5 = -10{,}5x + 24{,}5 \quad | + 10{,}5x + 93$
$\qquad\qquad\qquad 14{,}75x = 118 \quad | : 14{,}75$
$\qquad\qquad\qquad\qquad x = 8$

Aufgabe 2

Die Fläche setzt sich zusammen aus einem Halbkreis, einem Rechteck und zwei Dreiecken.

$A_{\text{Halbkreis}} = \frac{1}{2} \cdot r^2 \, \pi$ $\qquad\qquad$ $\boxed{A_{\text{Kreis}} = r^2 \cdot \pi}$

Zuerst muss der Radius des Halbkreises berechnet werden.

$b = \frac{1}{2} \cdot 2 \, r \, \pi$

$b = r \, \pi \qquad | : \pi$

$r = \frac{b}{\pi}$

$r = \frac{14{,}13 \text{ cm}}{3{,}14}$

$r = 4{,}5 \text{ cm} \quad \Rightarrow \quad A_{\text{Halbkreis}} = \frac{1}{2} \cdot (4{,}5 \text{ cm})^2 \cdot 3{,}14$
$\qquad\qquad\qquad\qquad A_{\text{Halbkreis}} = 31{,}79 \text{ cm}^2$

$A_{\text{Rechteck}} = 9 \text{ cm} \cdot 4 \text{ cm}$ $\qquad\qquad$ $\boxed{A_{\text{Rechteck}} = a \cdot b}$

$A_{\text{Rechteck}} = 36 \text{ cm}^2$

$A_{\text{Dreieck}} = \frac{1}{2} \cdot 4{,}5 \text{ cm} \cdot 3{,}2 \text{ cm}$ $\qquad$ $\boxed{A_{\text{Dreieck}} = \frac{c \cdot h}{2}}$

$A_{\text{Dreieck}} = 7{,}2 \text{ cm}^2$

Gesamtfläche $\quad A = 31{,}79 \text{ cm}^2 + 36 \text{ cm}^2 + 2 \cdot 7{,}2 \text{ cm}^2$
$\qquad\qquad\qquad A = 82{,}19 \text{ cm}^2$

Der Flächeninhalt der Figur beträgt 82,19 cm².

Aufgabe 3

a) 1 214 470 km² − 348 770 km² = 865 700 km²

348 770 km² ≙ 100%

865 700 km² ≙ $\frac{100 \cdot 865\,700}{348\,770}$ % = 248,22%

Die Landfläche Südafrikas ist 248,22% größer.

b) 100% ≙ 48 687 000 Kinder

30,76% ≙ $\frac{48\,687\,000 \cdot 30,76}{100}$ Kinder = 14 976 121,2 Kinder

Es waren 14 976 121 Kinder unter 15 Jahren.

c) 13,70% ≙ 11 253 180 Personen

100% ≙ $\frac{11\,253\,180 \cdot 100}{13,70}$ Personen = 82 140 000 Personen

2008 betrug die Gesamtbevölkerung Deutschlands 82 140 000 Personen.

d) $\frac{48\,687\,000 \text{ Einwohner}}{1\,214\,470 \text{ km}^2}$ = 40,09 Einwohner/km²

2008 betrug die Bevölkerungsdichte in Südafrika 40 Einwohner/km².

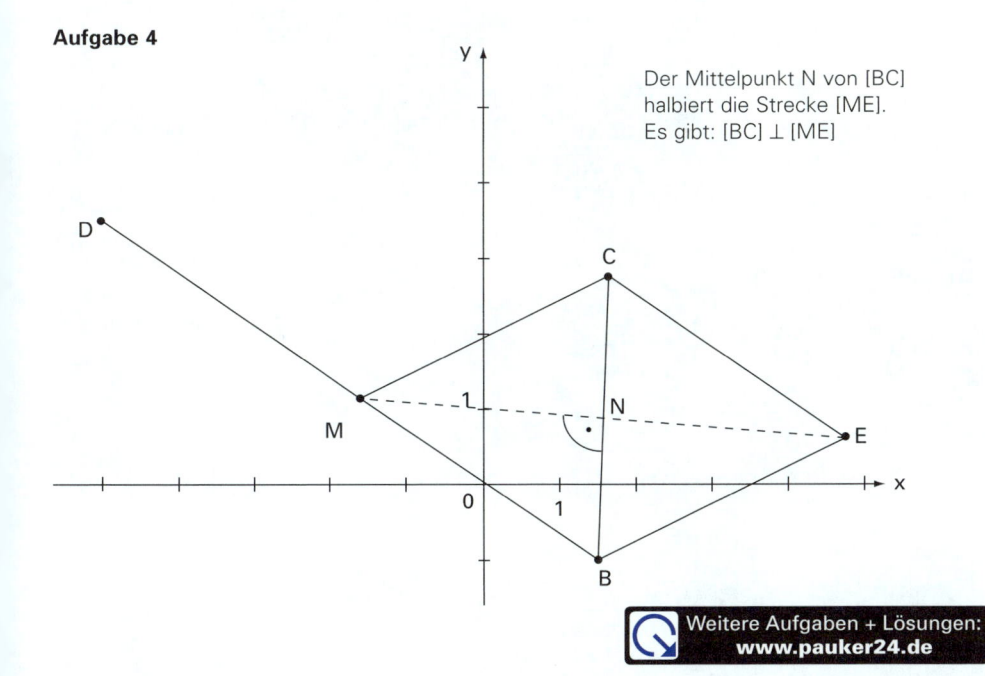

Aufgabe 4

Der Mittelpunkt N von [BC] halbiert die Strecke [ME]. Es gibt: [BC] ⊥ [ME]

◢ Quickies: Mathe-Prüfungen

Endergebnisse auf einen Blick

Hier findest du schnell die richtigen Lösungen für die von dir bearbeiteten Aufgaben. Es sind nur die Endergebnisse ohne Lösungswege angegeben. Die ausführlichen Lösungswege sind auf den vorangegangenen Seiten dargestellt.

Mathe I

Teil A – Seite 84

1. 126,60 €
2. a) $2,8 \cdot 10^5 < 2\,800\,000$
   b) $0,3 \cdot 10^{-8} < 0,3 \cdot 10^{-7}$
3. 5 %
4. $V_P = 410\ cm^3$
5. 3
6. 33,33 %
7. $32\ cm^2$
8. 8 Spielzeugautos, 12 Spielzeugmotorräder
9. a) $4x - 6 + 2x = 12$
   b) $-19x + 6 = -27$
10. a) + b) siehe ausführliche Lösungen
11. 3,2
12. 5,60 m

Teil B – Seite 88

Aufgabengruppe I

1. deutsch: 7, italienisch: 3, griechisch: 4, türkisch: 6, spanisch: 8
2. $26,88\ m^2$
3. a) im März 4608, im Januar 4000
   b) 24 578,40 €
4. a), b) + c) siehe ausführliche Lösungen

Aufgabengruppe II

1. $x = 8$
2. a) $m = \rho \cdot V$
   b) 63,6
   c) $176\ cm^3$
3. a) siehe ausführliche Lösungen
   b) F (-2 | -2)
4. a) 609,53 g   b) $33,86\ cm^2$

Aufgabengruppe III

1. $x = -12$
2. $2112\ cm^3$
3. a) 248,06 €
   b) 3 %
4. a) $2,2464 \cdot 10^7$
   b) 96 Tropfen

Mathe 2007

Teil A – Seite 94
1. Angebot A: 0,88 €,
   Angebot B: 0,90 €
2. 6 Kästchen
3. a) -7
   b) 81
4. a) und b) siehe ausführliche Lösungen
5. siehe ausführliche Lösungen
6. siehe ausführliche Lösungen
7. 112 €
8. $x = 3$
9. C ist richtig
10. 8,75 m
11. 33 %
12. 35 Würfel

Teil B – Seite 97

Aufgabengruppe I
1. 66 Metal, 132 Rockmusik, 160 Hip-Hop, 38 Techno
2. a) 51,03 % Frauen, 48,97 % Männer
   b) siehe ausführliche Lösungen
3. $A_{Sechseck} = 166,32$ dm^2
4. a) 520 €
   b) 457,56 €

Aufgabengruppe III
1. $x = 5$
2. $V = 1619,04$ cm^3
3. a) 2276,75 €
   b) 180 €
4. Nein, 1,5 Mio. Euro reichen nicht.

Aufgabengruppe II
1. $x = 9$
2. a) S (-0,5 | 0)
   b) + c) siehe ausführliche Lösungen
3. $A = 146$ cm^2
4. a) 1600 l Milch
   b) 10 300 Becher Joghurt

◢ **Quickies: Mathe-Prüfungen**

Mathe 2008

Teil A – Seite 104
1. 3
2. a) 14
   b) -64
3. c) ist richtig
4. $A = 40\ cm^2$
5. $8{,}6 \cdot 10^5$ Scheine zu 50 €
6. 2,3 m
7. $d = 512\ dm$
8. siehe ausführliche Lösungen
9. 1.2. Sonntag
10. 32%
11. $u = 18\ m$
12. siehe ausführliche Lösungen

Teil B – Seite 107

Aufgabengruppe I
1. $c = 21\ cm$
2. $A = 94{,}365\ cm^2$
3. siehe ausführliche Lösungen
4. a) Bank A: 9 € mehr
   b) 1,8%

Aufgabengruppe II
1. $x = 2$
2. $d = 39{,}1\ cm$
3. a) 23 000 €
   b) 13 800 €
4. $A = 48{,}06\ m^2$

Aufgabengruppe III
1. $x = -2$
2. a) etwa 26%
   b) etwa 2293 Mio t
   c) 165 Mio t
3. $A = 28{,}5\ cm^2$
4. a) 18 000 l
   b) siehe ausführliche Lösungen
   c) siehe ausführliche Lösungen

Mathe 2009

Teil A – Seite 116
1. $A = 28\ cm^2$
2. 49 Jahre
3. a) 40
   b) -9
4. siehe ausführliche Lösungen
5. 8 Würfel
6. $h = \dfrac{2 \cdot A_D}{g}$
7. 25 %
8. a) A
   b) R
9. 6 Tassen
10. -7
11. etwa 26 000 Algen
12. 6,40 m

Teil B – Seite 120

Aufgabengruppe I
1. $x = 3$
2. $O_{Gesamt} = 21,34\ m^2$
3. a) 497,30 €
   b) 33,29 €
4. siehe ausführliche Lösungen

Aufgabengruppe III
1. 40 (Herr Grünwald)
2. a) 2,7 %
   b) 52,3 Mio SKE
   c) siehe ausführliche Lösungen
3. $u = 32,8\ cm$
4. a) 3,5 Stunden
   b) siehe ausführliche Lösungen

Aufgabengruppe II
1. $x = 16$
2. 4,1 cm
3. a) 86,13 %
   b) 231,92 €
4. 26,53 m

Mathe 2010

Teil A – Seite 128
1. 35%
2. 13 Eier
3. 14,9 s
4. siehe ausführliche Lösungen
5. 35 min
6. 30%
7. B
8. 3. Zeile; V = 1600 cm³
9. 10,80 m
10. siehe ausführliche Lösungen
11. siehe ausführliche Lösungen

Teil B – Seite 131

Aufgabengruppe I
1. x = 4
2. a) 255,47 €
   b) 76,77 €
3. V = 208,88 cm³
4. a) 276 kcal
   b) 5,21 h

Aufgabengruppe III
1. x = 8
2. 82,19 cm²
3. a) 248,22%
   b) 14 976 121
   c) 82 140 000
   d) 40,09 $\frac{\text{Einwohner}}{\text{km}^2}$
4. siehe ausführliche Lösungen

Aufgabengruppe II
1. 80 €
2. a) 870 000
   b) 503 000
   c) 1,6%
3. 15 575 €
4. 1,56 cm²

Notizen

◢ Notizen

Lösungen: Englisch-Training

A. Listening Comprehension Test

Dialogue 1
Fill in the missing words.

a) Dr. Miller's surgery   b) Thursday   c) tomorrow   d) 7.30 am

Dialogue 2
True or false

a) false   b) true   c) true   d) false

Dialogue 3
The correct ending to each sentence.

a) 1   b) 4   c) 6   d) 7

Text 4
Put in the right information.

a) Victoria, Piccadilly Circus, Marble Arch or Baker Street
b) bus   c) Westminster   d) boat   e) guided walk
f) the magazines

Text 5

1. **True or false**
   a) false   b) true   c) true

2. **Underline the correct word.**
   a) Bus   b) sure   c) Monday till Friday   d) £ 3.50

B. Use of English

1. **Find out the opposites.**

   a) behind   b) downstairs   c) away from   d) out of

2. **Find the right word.**
   a) driver's licence
   b) presents/gifts
   c) blackboard
   d) light bulb

Lösungen: Englisch-Training

3. Make one sentence out of two.
 a) Harry is a young wizard and Ron is a young wizard, too.
 b) Harry doesn't know anything about his scar but he likes it very much.
 c) Harry and Ron became friends after they met at the station.

4. Make sentences and use all the words.
 a) At Hogwart's School they always eat at 9 pm.
 b) Why does Harry go to Hogwart's School?
 c) Have you ever seen a wizard in real life?

5. Find the plural form of these nouns.
 a) glasses
 b) knives
 c) fish / fishes
 (Explanation: if you are talking about more than one fish of the same species it's "fish" if you are talking about more than one species of fish then it's "fishes")

6. Put these sentences into the negative form.
 a) Sascha and Tim are not / aren't good friends.
 b) Sarah will not / won't go to Ireland next week.
 c) John and Paul did not go / didn't go to Munich last Sunday.
 d) Maria does not play / doesn't play / never plays tennis on Mondays at 5 o'clock.

7. Fill in the correct form of the verbs.
 a) went b) flew c) was
 d) have / enjoyed e) have / seen f) will have

8. Match the words and definitions.
 a) 2 b) 5 c) 6

9. Match the synonyms.
 a) 5 b) 3 c) 6

10. Explain the words.
 a) to find something entertaining
 b) something is risky
 c) something is old
 d) someone has no manners
 e) a feeling you have when you are hurt

Lösungen: Englisch-Training

11. Change the auxiliaries.
a) Emma, a young tennis player, has to work very hard.
b) When she goes out with friends she is not allowed to stay out late. Her trainer says tennis players have to go to bed early.
c) She doesn't have to train every day but she is not allowed to drink alcohol or smoke.
d) To improve her English she has to take English lessons, too.
e) Life is hard if you are not allowed to do the things you would like to.

12. Fill in the missing -ing-form or infinitive.
a) keeping   b) running   c) to play   d) to say
e) to make   f) walking / jogging   g) visiting

13. Complete the sentences.
a) importance   b) production   c) electric
d) limit   e) pollution   f) difficulties

14. Find the missing letters.
Stud**ie**s have t**au**ght us that elephants have three basic n**ee**ds: food, f**a**m**i**ly and fr**ee**dom. They l**oo**se their natural behaviour when they are br**ou**ght into our country and kept in a circus.

15. Add the correct ending.
a) A man who plays in films is an act**or**.
b) A person who breaks into houses is a burgl**ar**.
c) Someone who doesn't tell the truth is a li**ar**.
d) A person who goes to museums is a visit**or** there.

16. Find words that mean more or less the same.
a) at once   b) again and again   c) alter

17. Find the opposites.
a) to marry   b) friend   c) to sleep

18. Fill in the correct pronouns.
a) your   b) mine   c) hers   d) her
e) it   f) our   g) theirs   h) ours

Lösungen: Englisch-Training

19. Shorten the sentences.
   a) Walking down the street, I saw a lot of rubbish.
   b) Reducing pollution is the most important thing to do.
   c) Using environmental friendly energy would help to clean the air.
   d) Seeing a man littering a park, I warned him not to do it.

20. Find the corresponding adjectives.
   a) friendly   b) furious   c) sunny   d) lovely

21. Find the corresponding nouns.
   a) astonishment   b) importance   c) success
   d) adventure   e) curiosity

22. Fill in the positive, comparative or superlative.
   a) good   b) worse   c) much   d) many
   e) older   f) easiest   g) late   h) more

23. Complete the second sentence so that it means the same as the first one.
   a) Camilla has two younger sisters.
   b) Brendan likes football more than tennis.
   c) It isn't warm enough to go for a walk.

24. Use direct speech.
   a) The doctor said, "I proved / have proved that many kids are overweight."
   b) A trainer said, "Children had more exercise 20 years ago."
   c) A friend remarked, "I will ride my bike more often."
   d) A health expert said, "We are arranging sport programs for kids."

25. Fill in the adjective or adverb.
   a) dangerous   b) fast   c) carefully   d) brave
   e) unselfishly   f) desperate   g) well   h) tragically

26. Fill in the missing words.
   a) **Person A**
   Excuse me Sir, I'm not <u>from here</u> and I'm looking for a bank. <u>Could</u> you tell me where it is?

   Person B
   Sure, no problem. You <u>have to</u> walk down this street, then turn left <u>at</u> the traffic lights. It is the second house.

Person A
Thank you <u>very</u> much. Have a good day.

Person B
You <u>too</u>.

b) Person A
Melinda <u>have</u> you done the homework for <u>today's</u> History lesson?

Person B
Yes I have, why, <u>haven't</u> you?

Person A
No I haven't. <u>Could</u> you maybe let me copy it? I'd lend you the Math's homework instead.

Person B
Oh that <u>would</u> be great. You <u>know</u> how I am with Math …

C. Reading Comprehension

Text 1

1. **True or false**

    a) false   b) false   c) true   d) true   e) true
    f) false   g) false   h) false   i) true

2. **Answer the questions.**

    a) Because she was sad to leave England.
    b) Dallas wouldn't stop while galloping and rode into a tree.
    c) The pocket in which she has carrots and to come when she calls.

3. **Find the correct heading.**

1	2	3
E	A	D

Lösungen: Englisch-Training

Text 2

1. **Mark the correct statements.**
   a) Hanoi is a city with the exotic chic of old Asia.
   b) After 1954 Hanoi lay in a deep slumber.
   c) The city survived American bombs and Russian planners.
   d) There are still moments of Paris, as the smell of baguettes …

2. **Answer the questions.**
   a) The exotic chic of old Asia and the dynamic face of new Asia.
   b) American bombs and Russian planners.
   c) Huge mansions / grand avenues / lakes / parks

3. **Find the expression.**
   a) lay in deep slumber
   b) the non-stop soundtrack
   c) there are still moments of Paris

Text 3

1. **True, false or not in the text**
   a) false   b) false   c) not in the text
   d) true   e) true   f) false

2. **Find the correct heading.**

1	2	3	4	5	6	7	8	9
C	D	A	E	B	F	I	H	G

3. **Answer the questions.**
   a) They reduce the risk of an injury in a car crash.
   b) A single broken line as centre marking.
   c) A good night's sleep and sharing the driving duties.
   d) The internal heat in parked vehicles can quickly lead to heat distress.

D. Text Production

1. Correspondence – E-mail

Dear Sirs

last night I saw an advertisement on TV about your hotel. Since I'm planning to spend my holidays in Italy, I would like to have some more information about your Hotel. My friend and I would like to stay from October 10th to October 18th. Are there rooms available during this period of time? Could you make us a special offer on your prices because we are students? We will travel by train, so could you please provide us with a journey description on how to reach you best. Thanks in advance for your help.

Yours
Marie Schnabel

2. Picture-based Writing – Picture Sequence

Not everything was perfect during the pupils' stay in London. So Kevin and Martin had this view of the journey.
The so-called short walks in the centre of London turned out to be hard marches. The distances there are very long. No wonder that our feet were aching every time. But our teacher had no mercy.
One evening we were allowed to go out in groups. But every time we found a place that looked interesting it said at the entrance that youths were off limits. When we told our teacher he only said that we had saved a lot of money.
A kind of orienteering event was a disaster. All the groups had difficulties in finding the way and some of our mates arrived late at night. Our teacher had stayed at the hostel all the time and looked really relaxed.
And then the sightseeing. In every weather we had to go out and listen to endless explanations about some old and dull buildings. And the weather in London is quite different from the weather in Rome. If you know what I mean.
A clever idea to cover the long distances didn't work as well. We tried to go on a bus but we had chosen a wrong time. It was rushhour and all the buses were overcrowded and we had to walk on foot.

3. Correspondence – E-mail

Dear Mr Karl

last April I booked a holiday at your agency. The picture of the hotel your employee showed me in the brochure was very appealing. But when I arrived there two weeks ago, I was horrified. The hotel wasn't even finished and there was a lot of noise and dirt. Not to mention that there was no view of the ocean at all.
I would now ask you to give me a price reduction because it was definitely not what you offered me.

If I don't hear from you till the end of this week, I will have to hand this matter over to my attorney.

Yours sincerely
C. Gruber

4. **Picture-based Writing – Picture Sequence**

   Summer Camp in Bavaria
   This year I had an awful holiday. Adventure-camp in Bavaria sounded good, but when I arrived there, I realised that the camp was far out in the mountains. We had to carry all our equipment there, a long way to go, always uphill on narrow paths full of stones. And the camp? Man, no comfort at all! We had to sleep in tents and cook our own meals over a camp-fire. And we had to wash in the ice-cold water of a nearby lake. No wonder that I caught a bad cold on the second day. I felt so miserable that the camp-leader phoned my parents and they had to come collect me. My father had to carry my equipment, but that was only down-hill. Well I'm sure this was my first and last try of an adventure camp … next year I will go to a nice hotel at a long white beach.

5. **Correspondence – E-mail**

   Hi Andy

   thanks very much for your letter which I received yesterday. As you know, I always dreamt of becoming an animal keeper. So I was very happy when I got my internship at our local zoo since those places are very popular. At the zoo I was assigned to the bird's section, which at first I thought would be boring… but in the end I discovered that some birds like the penguins are quite funny actually. I had to clean the aviaries, prepare their food and over all just had to look after them. I enjoyed my internship very much and would be overly happy if my dream of becoming an animal keeper at the zoo would be fulfilled.
   Looking forward to hearing from you again soon.

   Yours
   Nadine

6. **Picture-based Writing – Picture Sequence**

   My holiday job
   I always dreamt of this cool new mountain-bike and saved all my money for it. But it wasn't enough. So I started a holiday job with Mc's. That meant getting up at five. The alarm-clock really is a brutal early-morning starter! The job itself was not the ideal one as well. I had to serve customers. That sounds great, but after an hour of different wishes, nasty children and stressed out parents you know what you've done! Going home at the end of the shift? No way! At first you have to clean everything, take away the rubbish, the remains, and the empty bottles and mugs. In the end I've come to the conclusion that I better buy a cheaper bike.

Lösungen: Englisch-Prüfung I

A. Listening Comprehension Test

1. Multiple Choice. Mark the correct answer.
   a) gives job interviews
   b) three
   c) new
   d) Latin
   e) his name

2. Answer the questions according to the text.
   a) 3
   b) Latin
   c) shorthand
   d) Excel
   e) tomorrow

B. Use of English

1. Find two more examples.
   a) football, basketball
   b) piano, drums
   c) goes swimming, rides his bicycle

2. Mark the correct word.
   a) instructions   b) soap

3. Sentence switchboard.
   A Pardon me, is this seat free?
   B Where did you get that ice cream?
   C What is the best thing to eat here?
   D Go to the corner and turn left into Charing Cross Road.
   E Ask the policeman over there.

C. Reading Comprehension

1. Defective dialogue

Partner A: What shall we do <u>after school</u> this afternoon?

Partner B: I don't know. What <u>are you doing</u>?

Partner A: I'm going <u>to the pier on the beach</u> and play some <u>computer games</u> at the <u>indoor park</u>.

Partner B: That sounds <u>good to me</u>.

Partner A: Why don't you <u>come along</u> with us?

Partner B: I'll see. I have to <u>call mum</u>. She wants me to help her <u>do the shopping</u> and then <u>do my homework</u>.

Partner A: Let me know <u>if you want to</u> come.

Partner B: OK, I'll <u>call you</u>.

2. Sequencing

1	2	3	4	5	6
C	F	E	D	B	A

3. Multiple Matching

1	2	3	4	5	6	7
B	F	H	A	E	G	C

D. Text Production

I. Correspondence

Dear Sir or Madam

I am writing to apply for a job with your company because I am finishing school soon. It would be very interesting for me to work for an international company and meet many people from other countries. In school I like English and Math very much. Outside of school I play football and volleyball in clubs.
I can start work in September. I hope to hear from you soon about a job interview.
Thank you in advance.

Yours sincerely
Andi Koch

II. Picture-based Writing

a) Cedric was waiting on the highway last summer for a ride going to Londonderry. He had his backpack with him.
b) A man in a small lorry stopped and picked him up. They drove on but saw behind them that petrol was dripping on the road.
c) There was a leak in the petrol tank and Cedric used his bubble gum to stop it up.
d) They continued their journey and enjoyed their ride very much.

Lösungen: Englisch-Prüfung 2007

A. Listening Comprehension Test

1. **Mark the correct answer.**
   a) Thursday   b) a Mexican restaurant   c) 7.30

2. **True or false**
   a) false   b) true   c) true

3. **Who said it?**
   a) Robert   b) Simon   c) Robert

4. **Mark the correct answer.**
   a) to a travel agency
   b) Waikiki Beach
   c) visit other Hawaiian Islands

B. Use of English

1. **Mark the correct word.**
   a) library   b) dictionary   c) ferry   d) passport   e) map

2. **Cross out the wrong word.**
   a) luck   b) small   c) swim   d) bear

3. **Fill in the right word.**
   a) because   b) While   c) Although   d) but (auch: although)

4. **Put the words in the correct order.**
   a) Have you ever been to Australia?
   b) In summer you can go swimming in the sea.
      You can go swimming in the sea in summer.
   c) In my free time I don't like to go shopping.
      I don't like to go shopping in my free time.
   d) Two years ago we met Joe in Canada.
      We met Joe in Canada two years ago.

Lösungen: Englisch-Prüfung 2007

5. Fill in the correct reflexive pronoun.

a) yourself   b) herself   c) ourselves   d) themselves

6. Put the sentences in the right order.

1	2	3	4	5	6
D	F	E	B	A	C

7. Which parts go together?

A   Last year I had a good summer job.
B   I worked as a cook from 9 am till 1 pm.
C   In the mornings I prepared the desserts.
D   I enjoyed my job very much.

8. Defective Dialogue

Partner A: Would you <u>like to go</u> to the cinema on Friday evening?
Partner B: I'm sorry, but I'll <u>have to</u> stay at home and <u>look after</u> my little sister.
Partner A: <u>What about</u> your parents?
Partner B: They <u>are having dinner</u> at a restaurant that evening.
Partner A: Oh, what a pity! Peter says there is an <u>exciting</u> movie at the Roxy.
Partner B: But why <u>don't you</u> come over to my house instead? We <u>could watch</u> some videos.
Partner A: Great idea! I'll bring some crisps and <u>some bottles of</u> lemonade.

C. Reading Comprehension Test

1. **Find the right ending.**
   a) … almost 3000 kilometres long.
   b) … in the north.
   c) … Adelaide.
   d) … two or three times a week.
   e) … air conditioning.
   f) … a drink.

2. **Answer the questions on the text.**
   a) Because they were able to work in the hot Australian climate.
   b) Two days.
   c) It had many curves and often there were problems with floods and heavy rain that washed away bridges and tracks.
   d) Green fields, red deserts and tropical forests.
   e) In the restaurant, in the buffet car.

3. **Multiple matching**

1	2	3	4	5	6
B	D	A	C	F	E

4. **Which phrase from the text?**
   a) "The Ghan" is a legend in Australian history.
   b) Later they also transported materials for the new railway line.
   c) Many travellers leave the train in Alice Springs to visit the famous Ayers Rock.
   d) Freight trains as long as 1.8 kilometres carry hundreds of containers with products.

D. Text Production

I. Correspondence

Dear Mrs Spencer

Thank you very much for your email and the pictures of your family. I will arrive at Sydney airport on 9th August at one o'clock pm. Which possibility of transport can I use to get from the airport to your house?
After the language course I would like to see Great Barrier Reef, Harbour Bridge and of course Ayers Rock. Could you please send me some more information about interesting sights? Also, I am very interested in sports. Can I play tennis there? I hope to meet other young Australians too. Is there a disco or bar nearby? What activities would you recommend to pass the evenings? I love surfing, but am a little afraid of sharks. Are there many? What's the weather like in August/September? Can I go surfing at this time of the year?
I'm really looking forward to my trip and to meeting you.

Best regards
Andy

II. Picture-based Writing

Last August the Schmitt family from Germany spent their holiday in Australia. On their first day in Sydney Mr and Mrs Schmitt, Max and Tina left their hotel at 9 am to go on an excursion.
At 10 am they arrived at Taronga Zoo. While Mr Schmitt bought four tickets, they were $ 30 each, Mrs Schmitt and the children waited for him at the entrance. First of all they took a look at the information board inside, to decide which animals they wanted to see.
After three hours of strolling through the zoo it started to rain and they decided to have lunch at a restaurant.
In the afternoon it stopped raining and they went to the beach, where it was quite windy. Mr Schmitt took photographs of Max and his surfboard and Mrs Schmitt and Tina played with the ball. In the evening they were back in the hotel where Mr Schmitt and the children watched TV and Mrs Schmitt wrote some postcards.

Lösungen: Englisch-Prüfung 2008

A. Listening Comprehension Test

1. **Underline the correct words.**
   a) next weekend   b) his wife and daughter   c) £98 a night

2. **Find the correct ending.**
   a) 5   b) 4   c) 2

3. **True or false**
   a) false   b) false   c) true

4. **Complete the sentences.**
   a) 3250   b) 3   c) 11.05

B. Use of English

1. **Circle the correct word.**
   a) safe   b) fell   c) dessert   d) lose

2. **Complete the sentences.**
   thirteen-year-old – youngest – older – his own age

3. **Write the opposites.**
   a) interesting / exciting   b) clever / smart / intelligent
   c) arrive   d) catch / get

4. **Match the questions.**
   A Yes, at nine-thirty.
   B I'm sorry, I don't know the town.
   C No thanks, I'm just looking.
   D No, you can't. I've got to visit grandma.
   E Here you are.

5. **Complete the sentences.**
   a) will play   b) learn   c) has

Lösungen: Englisch-Prüfung 2008

6. **Put in the right form.**
   a) is
   b) bought
   c) said / says
   d) have never read
   e) doesn't like
   f) will go / is going to / is going

7. **Defective Dialogue**
   You: <u>Where</u> do you come from?
   Scottish boy: I'm from Scotland. That's <u>in</u> Great Britain.
   You: Are you <u>travelling</u> alone or with your family?
   Scottish boy: With my family. We're visiting my father's sister. She <u>lives</u> in Munich.
   You: <u>Have you ever</u> been to Munich?
   Scottish boy: Yes, we visited Munich two years <u>ago</u>.
   You: <u>Would</u> you like to come back to Germany again some time?
   Scottish boy: Sure. I've <u>never</u> been to the *Oktoberfest*! I really want to see that some day.

C. Reading Comprehension Test

1. **True, false or not in the text**
   a) true   b) true   c) true   d) false   e) not in the text   f) false

2. **Find the correct title.**

1	2	3	4	5	6	7
C	G	E	H	B	A	F

3. **Answer the questions.**
   a) They didn't get enough sleep because they spent the weekend reading.
   b) They had parties at the bookstores.
      The fans often wore costumes.
   c) Some critics think the books support witchcraft and are a bad influence on young people.
   d) J K Rowling is now the richest woman of Great Britain.
      She can afford to go on holidays now.

4. **Which expression from the text.**
   a) Harry discovers that he is a wizard.
   b) Children as well as adults enjoy reading them.

c) More than 350 million Harry Potter books have been sold.
d) She was unemployed.

D. Text Production

I. Correspondence

Dear Sir or Madam

My name is Jasmin, I live with my parents and two older brothers in Sauerlach, near Munich. My whole family are big Harry Potter fans, we have read every book and watched every film. This is one of the main reasons that we want to take your tour around England and Scotland this summer. We already wanted to go last year, but unfortunately you were fully booked. Since we were very sad to hear that I'm writing to you now to ask what tours you're offering this year. Are you already sold out or is it still possible to book the tour? If so, how long will each tour take?
We are especially interested in seeing the filming locations, London and Edinburgh. Which locations / towns do you visit furthermore? Can you tell me what kind of accommodations you offer, will there be meals included and do the rooms have a shower or bath?
Please send me some information like price lists, brochures and city maps. I am looking forward to your answer. My family and I are already very excited about the prospect of our "Harry Potter tour".

Yours sincerely
Jasmin

II. Picture-based Writing

A dream comes true

One rainy afternoon Alex Andersen (aged 21) was reading his brand-new Harry Potter book when he fell asleep. He had a wonderful dream: he dreamt that he met Harry Potter who told him that he had one wish. Alex decided that he wished for a lot of money. Harry smiled, took out his magic wand, spoke some words and suddenly Alex's pockets were full of money, his backpack was full of money and Harry told him, that his bank account would be overflowing, too.
The first thing Alex did was buying his parents a brand-new car, himself a scooter, for his sister one of those Pedelecs (Pedal Electric Cycle). Then he went out with all of his friends and fulfilled every wish they had. He was just feeling very happy when suddenly he woke up and detected that all had just been a dream. He was bitterly disappointed, nothing had changed he was still poor. Then he saw a letter from the national lottery, he opened it quickly and discovered that he had won. He really had won the jackpot. His dream had come true.

Lösungen: Englisch-Prüfung 2009

A. Listening Comprehension Test

1. **Mark the correct endings.**
   a) hospital   b) grades   c) tattoo   d) afraid

2. **Fill in the missing words.**
   a) great   b) job   c) Mom   d) doctor

3. **True or false**
   a) true   b) false   c) false   d) true
   e) false   f) false   g) true   h) true

4. **Cross out the wrong word.**
   a) $ 300   b) four   c) sad   d) happy

B. Use of English

1. **Cross out the word which doesn't fit.**
   a) bill   b) handy   c) map

2. **Find the 7 mistakes and cross them out.**
   Hi Mike,
   ~~Mai~~ name is Robert. I'm twelve ~~jears~~ old and I live in ~~bavaria~~. I've got a brother. He's older ~~then~~ me. He likes sports, but I ~~prifer~~ computer games. Next week I will get an MP3-player. That's ~~graet~~! ~~waht~~ about you? Please write soon.
   Yours
   Robert

3. **Complete the sentences using prepositions.**
   on – At – in – of – beneath – after

4. **Write the words of the sentences in the correct order.**
   a) Have you already got your new tattoo?
   b) I had an appointment last week.
   c) Protect it from the sun!

Lösungen: Englisch-Prüfung 2009

5. Put in the right form of the verbs.
- a) went
- b) left
- c) started
- d) enjoys
- e) don't like
- f) will move

6. Fill in the missing words.
- a) When
- b) Who
- c) How
- d) Why
- e) Where
- f) What

7. Match the parts of the dialogue.

1	2	3	4	5
E	A	B	F	D

C. Reading Comprehension Test

1. Match the title.

1	2	3	4
C	D	B	A

2. Answer the questions.
- a) piercings and tattoos
- b) I dress this way to shock you.
- c) Infections, Hepatitis B, long healing time, AIDS, damage to nerves
- d) Using new latex gloves and new needles for each customer.
- e) They only last for a few days or weeks. / They are easily removed.

3. True, false or not in the text
- a) true
- b) not in the text
- c) false
- d) false
- e) not in the text
- f) true

4. Which lines from the text?
- a) lines 6 – 7
- b) lines 15 – 16
- c) line 24

D. Text Production

I. Correspondence

Hi Chris

last week I finished my exams and now I'm looking forward to the holidays. I like your idea of going to London, the information you sent looks truly interesting. There are so many things to do. Of course I'd like to see Big Ben, Houses of Parliament, Buckingham Palace. And then I'd like to go to Piccadilly Circus, Harrod's and of course Camden Lock Market.
What sort of tattoo did you get? Did it hurt? I'm still deciding if I want one or not, I need to think about it some more. Could you send me a photo of yours, that would be great.

Hope to hear from you soon
Robert

II. Picture Story

One Saturday morning Ian Carpenter was taking his dog Rocky for a walk. On his way to the park, he passed a hairdresser's shop. There was a poster in the shop window which said that if you get a new hairstyle you get one free for your best friend. So Ian went inside and told them he'd like a new hairstyle for himself and that Rocky, his dog was the friend who should get one for free. Of course the hairdressers were a bit shocked by this but then they agreed. And as Ian got his haircut Rocky got one, too. Afterwards Ian paid the man who had cut his hair, he really liked the new style. But then he saw Rocky and he was horrified – he looked utterly ridiculous, they had him styled like a girl.

Lösungen: Englisch-Prüfung 2010

A. Listening Comprehension Test

1. **Dialogue 1**
   a) laughed at her.   b) ... walked away.   c) ... last week.
   d) ... what to do.   e) Friends

2. **Dialogue 2**
   a) false   b) true   c) false
   d) true   e) false   f) true

3. **Dialogue 3**
   a) ~~good~~ best   b) ~~nice~~ nasty   c) ~~internet~~ e-mail

B. Use of English

1. **Find the opposite.**
   a) exit   b) spend   c) get up   d) expensive

2. **Fill in the correct word.**
   a) will, want to   b) interesting, interested in

3. **Cross out the word that sounds different.**
   a) wait   b) long   c) cute   d) friend

4. **Fill in the correct word.**
   a) attractive – terribly   b) best – well (oder *carefully*)
   c) carefully (oder *well*) – happy

5. **Fill in the correct pronoun.**
   His – They – their – Their – She – He – my – I

6. **Complete the sentences.**
   a) will   b) lends   c) will be

7. **Fill in the right form.**

Has played / has been playing – meet – works – found – are talking – will come / is going to come

8. **Finish the dialogue.**
   a) I'd like a ticket ...   b) Single/Return   c) How much ...
   d) will the train arrive   e) From which platform does ...

C. Reading Comprehension Test

1. **Tick the correct box.**
   a) ... the Chinese government.
   b) ... 50 years.
   c) ... it was only possible between computers on the same network.
   d) ... use of @ in e-mails.

2. **Put the facts in order.**

1	2	3	4	5	6	7
e	b	g	f	d	c	a

3. **Answer the questions.**
   a) By runners / Later by messengers on horseback
   b) Mr Watson / His assistant
   c) The answering machine.
   d) Neil Papworth
   e) The teenagers
   f) L8R

D. Text Production

I. Correspondence

Dear Sirs

My name is Lena Lange and I have read your advertisement on the Internet. Before starting my training as childcare worker, I would like to gain some experiences in foreign countries.

Since I love to spend time with children and I am already supervising a group of young children as trainer for basketball I think I am very well suited for your job offer. I love all sorts of sports, mainly basketball, handball, football and tennis, which I've been playing since I was a kid. I would like to know two things: how much would you earn for a four-week stay and will you provide an accommodation. Enclosed you will find my CV with picture.

Yours sincerely
Lena Lange

II. Picture Story

Last September the Huber family planned a trip to South Africa. They searched the Internet for information and booked a trip for Christmas. They were especially looking forward to the guided tour in Kruger National Park with its many wild animals. Then the big day was here and they started on the tour. But then, abruptly the car stopped, they had a blown tire. They got out of the car to help their guide change the tire, when suddenly they saw a lion approach. They were very frightened and jumped back in the car. Peter, the little boy, already saw themselves as the lion's dinner. But after patiently waiting for the better part of an hour the lion went his way and they could finish changing the tire.